Bloggen für Jesus!

Von Daniela Gaudek

Das Werk, einschließlich seiner Teile, ist urheberrechtlich geschützt. Jede Verwertung ist ohne Zustimmung des Verlages und des Autors unzulässig. Dies gilt insbesondere für die elektronische oder sonstige Vervielfäligung, Übersetzung, Verbreitung und öffentliche Zugänglichmachung.
Bibliographische Information der Deutschen Nationalbibliothek: Die Deutsche Nationalbibliothek verzeichnet diese Publikation, in der Deutschen Nationalbibliothek detaillierte bibliographische Daten sind im Internet unter http://dnb.dnb.de. verfügbar

Copyright: © 2014 Daniela Gaudek

Herstellung und Verlag: BoD – Books on Demand, Norderstedt.

ISBN:9783738600278

Mein Dank gilt dem dreieinigen Gott.

Dem Vater, der die Welt so sehr liebte, dass er seinen eingeborenen Sohn gab.
Dem Sohn, der sein Leben gab für meine Schuld.
Dem Heiligen Geist der mich lehrt, mir beisteht und mich leitet.

Weiter danke ich:

Meinen treuesten Geschwistern:

Carola
Elke Breidenbach
Sylvia Meyer

Ich danke Victor der mir geholfen hat, technische Probleme zu umschiffen.

Und der für Jesus brennt und mit der Christlichen Blogger Community eine Plattform geschaffen hat um das Evangelium und Erlebnissen die man im realen Leben mit Gott hat weiter zu geben.

http://christlblogger.com/

Und Meike Röschlau- Weckel vom NetzwerkC die mich ermutigte.
Im Internet zu finden unter www.netzwerk-c.de

Danke an die Mitgeschwister von www.gemeinsamfuergott.de

Danke an Pastor Gerhard, der mir Mutt macht.

Inhaltsverzeichnis

Vorwort	6
Richtet euer Herz auf eure Wege	7
Kennt ihr Umkehrschlüsse?	9
Leben in seinem göttlichen Plan	10
Diskussionen unter Christen	12
Liebe, Annahme und Vergebung:	14
Gott hat die Macht!	14
Von Wem wurde Jesus am meisten angegriffen?	16
Wie beurteilen wir die Dinge?	17
Wer verändert uns?	20
42, ein Film der bewegt	22
Moral, oder wer hats erfunden?	23
Tunnelblick?	29
Begegnung mit Gott.	31
Dankbar für Alles?	36
Welche Beziehung zu Gott?	37
Böses nicht mit bösem vergelten	39
Charisma? Ist das was zum Essen?	41
Angstfrei!	45
Das Herz Gottes!	47
Talente	50
Wie schmutzig sind wir?	52
Züchtigt der Herr, noch heute?	54
Sozo Gebet.	57
Müssen wirklich die Steine zu schreien?	58

Tag der deutschen Einheit	**60**
Schräge Vögel? - Wie gnädig ist unser Gott!	**61**
Was Glauben wir? Oder wie ist das eigentlich konkret?	**66**
Was bedeutet das Wort Buße?	**71**
Unterschiedliche Beziehung zum dreieinigen Gott?	**72**
Wo ist solch ein Gott?	**77**

Vorwort

Gottes Wege, sind manchmal seltsam.

Vor kurzem, hätte ich niemals gedacht, dass ich schreiben und bloggen soll.

Doch Gott, sah das anders.

Religion ist der Versuch der Menschen, Gott näher zu kommen.

Jesus ist der Weg Gottes uns Menschen nahe zu kommen.

Dieses Buch besteht aus, Andachten und Erlebnissen die ich mit Gott hatte. Gott schrieb mit.

Jesus lebt.

Jesus liebt Dich.

So hoffe ich nun, dass ER dich durch dieses Buch erreicht.

Sei gesegnet.

Daniela

Richtet euer Herz auf eure Wege!

Heute Morgen, führte mich Gott, zu dem Propheten Haggai.

Im ersten Kapitel, spricht Gott darüber, dass das Volk, sein Haus nicht baut.

Gott bemängelt, dass die Menschen zwar in ihren Häusern bequem wohnen, sein Haus jedoch verödet.

„Richtet euer Herz auf eure Wege!"

Damit meint Gott, dass wir mit ganzem Herzen seinen Wegen und seinem Willen folgen müssen.

„Richtet euer Herz auf eure Wege!"

Damit meint Gott, dass wir dies nicht nur mit unserem Verstand, sondern aus Liebe zu ihm tun sollen.

„Ihr habt viel gesät, aber wenig eingebracht; ihr esst aber werdet nicht satt; ihr trinkt aber seid durstig; ihr kleidet euch, aber es wird euch nicht warm; und der Lohnarbeiter erwirbt Lohn in einen durchlöcherten Beutel.."

Gott spricht darüber, dass viele Dinge getan wurden, es wurde viel gesät, warum wurde dann so wenig eingebracht?

„Richtet euer Herz auf eure Wege!"

Wieder spricht Gott davon, dass wir unser Herz auf unsere Wege richten müssen.

„Ihr habt nach vielem ausgeschaut und siehe es wurde wenig. Und brachtet ihr es heim, so blies ich hinein." Weshalb das? Wegen meines Hauses, das verödet daliegt während ihr lauft, jeder für sein eigenes Haus."

Gott spricht zu seinem Volk. Und zu seiner Gemeinde. Dieses Wort kann sowohl für die einzelnen Menschen gelten, die überwiegend auf ihr eigenes Wohl bedacht sind. Oder aber Gott meint die

Gemeinden. Die jede für sich, größer und größer werden will.

Mir liegt die Einheit der Christen auf dem Herzen, die Liebe untereinander, die uns über die Unterschiede unseres Dienstes hinwegsehen lässt. Zusammen das Haus bauen.

Als das Volk die Worte Haggais hörte, erschrak es und fürchtete sich.
Es nahm Gott ernst.

Und was tat Gott?

Er sprach: „Ich bin mit euch"

Halleluja, Gott ist mit uns.

Dann geschah folgendes der Herr erweckte den Geist verschiedener Menschen. Und des ganzen Überrestes des Volkes.

Erweckung geschieht zuerst bei uns, dafür müssen wir unsere Herzen auf unsere Wege leiten.
Jesus sagte: Ich bin der Weg, die Wahrheit und das Leben.
Also richte ich mein Herz auf ihn.

Auch im Kapitel 2 werden wir aufgefordert unser Herz auszurichten.

„Richtet doch euer Herz auf die Zeit von diesem Tag an."

Gott verspricht, zu segnen wenn wir gemeinsam bauen. Unser Fundament ist Jesus.

„Richtet euer Herz darauf!" spricht der Herr

Größer wird die Herrlichkeit dieses künftigen Hauses.

**Größer wird die Herrlichkeit dieses künftigen Hauses.
An diesem Ort will Gott Frieden geben.**

Was für ein Wort.

Das Buch Haggai endet mit den Worten, „Ich habe dich erwählt!"

Halleluja

Kennt ihr Umkehrschlüsse?

Ich bin verheiratet und mein Mann liebt es Umkehrschlüsse zu ziehen.
Seit ich bekehrt bin zeigt mir Gott auch oft, wenn Geschwister Negativ über mich reden. Heute jedoch (vor genau 10 Minuten) habe ich verstanden warum.

Jesus sagt: *Mt 18,15: Wenn aber dein Bruder gegen dich sündigt, so geh hin, überführe ihn zwischen dir und ihm allein. Wenn er auf dich hört, hast du deinen Bruder gewonnen.*

Gut soweit ist das klar. Derjenige der meint man hätte gegen ihn gesündigt soll selbst zu dem anderen gehen und das Gespräch suchen.
Er soll nicht einen anderen schicken. Tut er dies ist er schon mal außerhalb des Wortes Gottes.

Aber zurück auf den anderen Punkt, wenn Geschwister über dich schlecht reden.
Gott zeigt dir das, damit du für sie betest, damit du dich für diese Sünden in den Riss stellst. Weil die Bibel sagt:

1. Johannes 4, 20

**So jemand spricht: "Ich liebe Gott", und haßt seinen Bruder, der ist ein Lügner. Denn wer seinen Bruder nicht liebt, den er sieht, wie kann er Gott lieben, den er nicht sieht? und die Bibel sagt weiter: 1. Johannes 4, 12 Niemand hat Gott jemals gesehen. Wenn wir uns untereinander lieben, so bleibt Gott in uns, und seine Liebe ist in uns vollkommen.
13 Daran erkennen wir, dass wir in ihm bleiben und er in uns, dass er uns von seinem Geist gegeben hat.**

Darf man da den Umkehrschluss verwenden, dass wer nicht in dieser Liebe bleibt, indem bleibt Gott nicht?

Das ist der Grund, warum ich es gezeigt bekomme, wenn Geschwister Negativ reden. Damit ich in den Riss treten kann und für sie im Glauben einstehen kann und für sie beten.

Danke Herr

Leben in seinem göttlichen Plan

Epheser 2, 10
Denn wir sind sein Gebilde, in Christus Jesus geschaffen zu guten Werken, die Gott vorher bereitet hat, damit wir in ihnen wandeln sollen.

Wir sind von Gott dafür geschaffen, gute Werke zu tun.

Einfach irgendwelche gute Werke?

Nein ich denke, das es wichtig ist genau darauf zu achten, welche Werke das sind. Denn Gott hat sie vorher bereitet, damit jeder einzelne von uns darin wandeln kann.

Es gibt Menschen die sind zur Krankenpflege berufen, andere haben ihren Dienst im Handwerk.

Mein irdischer Vater sagte immer wenn eine Operation anstand: „Das macht der Portier mit dem Taschenmesser." Nun mein Vater wollte mich beruhigen.
Aber würde ich diese Aussage wörtlich nehmen, würde ich mich doch wehren und

lieber den Fachmann ranlassen.

Wir alle haben Gebiete in denen Gott uns Talente gab.
Diese sollen wir nutzen um die Werke, die er für uns vorbereitet hat zu tun.

Es nützt nichts wenn du für die Gemeinde kochst, wenn du darin keinerlei Talent besitzt.
Das Einzige was dabei herauskommt ist dass du deine Geschwister an den Bibelvers: Ertraget einander in Liebe. Erinnern darfst.

Gott hat dich befähigt, Dinge zu tun, die nur du tun kannst.
Und da lass dir nichts von irgendjemand auf diktieren.

Bleib im Gebet, bis du weißt was du für Gott tun sollst.
Zu Beginn meines Glaubensleben, war in unserer Gemeinde ein Mangel an Kinderstunden Mitarbeitern. Also wurde ich eingesetzt. Es war nicht meine Berufung, und ich bemühte mich zwar redlich. Doch nach der Kinderstunde war ich immer sehr erschöpft und ausgelaugt.
Werke also die nicht vorbereitet waren.

In Kolosser 4, 17 lässt Paulus zwar Archippus folgendes sagen, aber dies gilt auch für

Sieh auf den Dienst, den du im Herrn empfangen hast, dass du ihn erfüllst!

Wichtig ist wirklich, dass wir es zu unserem Lebensstil machen in ständiger Verbindung zu Gott zu bleiben.
Dies geschieht durch unsere Hingabe und der Schulung und Zunahme des Heiligen Geistes in uns.
Unser ICH muss zurückweichen um IHM mehr Raum einnehmen zu lassen.

Es ist, meiner Meinung nach, lebensnotwendig, täglich in der Bibel zu lesen und im Gespräch mit dem Heiligen Geist zu bleiben, der uns in alle Wahrheit führt.

Wichtig ist auch dann zu tun, was Gott von uns verlangt.

Sagt er dir „Bau ein Haus!", baue eins.
Sagt er dir „schreib ein Buch!", schreibe eins.
Egal was er dir sagt: Handle!

Abraham wird als Vater des Glaubens bezeichnet, weil er einfach dem was Gott ihm sagte, glaubte.

Lasst uns also Gott vertrauen und dem was er uns sagt, glauben und danach handeln.

Diskussionen unter Christen

Diese ganzen Diskussionen wer nun geistlich voll die Erkenntnis hat sind eigentlich unnötig. Warum prüfen wir nicht einfach anhand des Wortes?

1. Johannes 4, 1-3
1 Ihr Lieben, glaubt nicht einem jeden Geist, sondern prüft die Geister, ob sie von Gott sind; denn es sind viele falsche Propheten ausgegangen in die Welt.
2 Daran sollt ihr den Geist Gottes erkennen: Ein jeder Geist, der bekennt, dass Jesus Christus in das Fleisch gekommen ist, der ist von Gott;
3 und ein jeder Geist, der Jesus nicht bekennt, der ist nicht von Gott.

Gerade auf Facebook sind mir einige Menschen begegnet die den dreieinigen Gott verleugnen.

Diese sind die Sektierer. Diese sind NICHT von Gott.

Johannes 1, 1- 14

1 Im Anfang war das Wort1, und das Wort war bei Gott, **und das Wort war Gott.**

2 Dieses war im Anfang bei Gott.

3 Alles wurde durch dasselbe, und ohne dasselbe wurde auch nicht eines, das geworden ist.

4 In ihm war Leben, und das Leben war das Licht der Menschen.

5 Und das Licht scheint in der Finsternis, und die Finsternis hat es nicht erfasst2.

6 Da war ein Mensch, von Gott gesandt, sein Name: Johannes.

7 Dieser kam zum Zeugnis, dass er zeugte von dem Licht, damit alle durch ihn glaubten.

8 Er war nicht das Licht, sondern er kam, dass er zeugte von dem Licht.

9 Das war das wahrhaftige Licht, das, in die Welt kommend, jeden Menschen erleuchtet3.

10 Er war in der Welt, und die Welt wurde durch ihn, und die Welt kannte ihn nicht.

11 Er kam in das Seine, und die Seinen nahmen ihn nicht an;

12 so viele ihn aber aufnahmen, denen gab er das Recht, Kinder Gottes zu werden, denen, die an seinen Namen glauben;

13 die nicht aus Geblüt, auch nicht aus dem Willen des Fleisches, auch nicht aus dem Willen

des Mannes, sondern aus Gott geboren sind.
*14 **Und das Wort wurde Fleisch** und wohnte unter uns, und wir haben seine Herrlichkeit angeschaut, eine Herrlichkeit als eines Eingeborenen vom Vater, voller Gnade und Wahrheit.*
Wenn die Gemeinden, dies bekennen, sind sie von Gott.

Mag ich auch nicht verstehen warum in manchen Gemeinden Frauen und Männer getrennt sitzen, muss ich das denn verstehen? Ist doch vollkommen egal solange Christus verkündigt wird, und Menschen zu ihm finden.

Ja, ich Gebe es ja zu, ich bin lieber mit Menschen zusammen, die, man Charismatiker nennt.

Ja, ich gehöre zu diesen Menschen.

Aber ich bekomme nur dann, ein Problem mit dir, wenn du anfängst diese Menschen als dämonisch zu bezeichnen.

Solange diese Gemeinden bekennen das Jesus Christus in das Fleisch gekommen ist (was bedeutet, dass Gott Mensch wurde) haben wir keinerlei Streitpunkt. (sollten wir jedenfalls nicht haben), es könnte alles so viel einfacher sein.

Liebe, Annahme und Vergebung:

Ich hatte die große Gnade über viele Jahre in einer Gemeinde gewesen zu sein in der das gelebt wurde.
Gott liebt, nimmt an und vergibt. Er ist der Liebhaber meiner Seele.
Veränderung findet nur durch seinen Geist statt.
Leider bin ich noch ungeduldig, aber ich weiss dass auch das sich noch ändern wird .
Wir (Carola und ich) erleben zur Zeit soviel Gebetserhörungen und wir staunen und sind sprachlos über diese Gnade.
Wir wollen nur den Willen Gottes beten und freisetzen, wir ringen
täglich seinen Willen erkennen zu können, in vielen Situationen dürfen wir schon **Erkenntnis haben.**
In vielen Bereichen haben wir immer noch ein Fragezeichen im Gesicht. Wir lernen täglich, dass die persönliche Zeit mit Gott wichtiger ist als jede Motivation.

Gott hat die Macht!

Vor vielen Jahren hatte mein Sohn eine Lehrerin. Die sich nebenberuflich als Reiki-Priesterin Geld dazu verdiente.
Diese Frau war die ehemalige Reikilehrerin meiner Schwester.
Diese Frau, begann meinen Sohn aufs übelste zu mobben.
Zuerst wählte ich den "normalen" Weg.
Jede Woche stand ich mehrmals beim Direktor und hatte sehr gute Gespräche mit ihm. Auch über den Glauben.
Für meinen Sohn änderte sich jedoch nichts. Im Gegenteil.
Das ging fast ein ganzes Schuljahr so.

Dann geschah folgendes.
Während eines Gottesdienstes fragte ich Gott, ob ich den Direktor mal zum Gottesdienst einladen soll. Prompt kam die Antwort: "Nein, nicht den Direktor. Lade die Lehrerin ein."
„Och nööö"- war mein erster Gedanke.
Aber, da mir klar war, dass ich das Reden Gottes nicht ignorieren will, nahm ich mir vor, eine Einladung zu schreiben.
Montags kam mein Sohn weinend nach Hause.
Er durfte auf den Schulausflug nicht mit.

Sehr wütend ging ich mal wieder zum Direktor. Dieser bat mich, am nächsten Tag wieder zu kommen. Er wollte mit der Lehrerin sprechen.
Ich ging nach Hause und war sehr traurig.
Dennoch schrieb ich die Einladung (im Gehorsam).
Am nächsten Tag ging ich, wie verabredet, zum Direktor. Vor dem Haupteingang stand die Lehrerin. Ich begrüßte sie und gab ihr die Einladung.
Sie baute sich vor mir auf und sagte: "Ich habe die Macht und wenn sie noch 100 Mal zum Direktor rennen!"
Was sollte ich zu dieser Frau sagen? Nichts!
Ich ging also zum Direktor.
Herr R. teilte mir mit, was die Lehrerin sagte. Sie wird, wenn mein Sohn mit soll, die ganze Klasse zuhause lassen. Außerdem teilte mir der Direktor mit, dass mein Sohn nicht in die vierte Klasse versetzt wird. Die dritte Klasse wiederholen muss.
Dies alles, teilte er mir dienstags mit.
Der Ausflug sollte donnerstags sein.
Mittwochabends, während meiner Gebetszeit, sprach Gott zu mir: "So und jetzt sagst du mal Danke dafür, dass dein Sohn da ausgegrenzt wird" Boah, dachte ich, ok, nicht mein Wille, sondern dein Wille geschehe. So dankte ich Gott. Während ich dankte, kam Dann sprach Gott erneut: "So und nun werde ich dafür sorgen, dass dieser Ausflug nicht stattfindet!"
Im nächsten Augenblick begann eine Gewitter- und Regennacht, wie sie für dieses Gebiet ungewöhnlich ist. Es hörte nicht einen Augenblick auf.
Am nächsten Morgen brachte ich meinen Sohn zur Schule. Er

sollte ja in der Parallelklasse bleiben.
Als ich ihn wieder abholte, erfuhr ich, dass der Ausflug aufgrund der durchweichten Waldwege und des anhaltenden Regens NICHT stattfand.
Außerdem, dass mein Sohn Johannes ab jetzt in die Parallelklasse versetzt war, so dass die Mobberei aufhörte.
Nicht nur der Ausflug fand nicht statt, Johannes Wurde auch in die vierte Klasse versetzt.
GOTT HAT DIE MACHT!

Von Wem wurde Jesus am meisten angegriffen?

Wusstet ihr, das Jesus am meisten von den Schriftgelehrten angegriffen wurde?

Schriftgelehrte gibt es auch heute noch genug.

Was macht den Unterschied und wie erkennt man sie?

Das ist oftmals nicht einfach, denn auch sie kennen den Buchstaben genau.

Und es kann alles so richtig klingen.

Neulich fragte mich jemand ob ich wisse was Demut ist.

Demut ist zu erkennen, dass das was ich weiß wenig ist. Es ist die Erkenntnis, dass ich NICHTS tun kann was mich Heiliger oder freundlicher oder auch Sündloser macht.

Die Bibel lehrt, dass Gott selbst unseren Sinn und unsere Herzen erneuert. Ich kann mich nur hingeben und sagen.

ICH KANN NICHTS! In der Gewissheit, das Gott es kann.

Völlige Hingabe meines Willens und meines Seins.

Kapitulation.

Oh sie kommen und werfen einem vor man würde der Schwärmerei verfallen wenn man offen bekennt, das man Gott liebt, in einer Liebes-Beziehung zu ihm lebt und verstehen nicht, dass die Bibel genau davon spricht.

Oder denkt jemand wirklich der sehr exakte Bericht Salomos in Salomos Hohelied, ginge um eine Frau und einen Mann?

Selbst Paulus fordert uns auf uns zu freuen.

Wie Freude aussieht haben wir gesehen bei der WM.

Wenn, ich mich freue strahlt mein Gesicht. Dann bin ich nicht still und sitze in einer

Ecke.

Meine Empfehlung: Sich Gott hin zu geben, und IHN bestimmen lassen auch über meinem Verstand.

Wie beurteilen wir die Dinge?

Oft sind mir Menschen begegnet, die schnell ein Urteil fällen.

Egal ob es Krankheit, oder andere Dinge betrifft.

Oft werden schwere Lebensumstände als Mangel des Glaubens oder Beziehung zu Gott bewertet.

Und es gibt natürlich passende Bibelstellen, die sie dir freundlich nennen.

Es mag sicher auf den einen oder anderen zutreffend sein.

Dennoch denke ich, sollte sich keiner irgendein Urteil anmaßen.

Schauen wir uns doch einmal biblische Beispiele an und denken mal darüber nach, wie man die Sache hätte betrachten können.

Abraham war 75 Jahre alt und Kinderlos. Gott versprach ihm eine große Nachkommenschaft.

Wie hätten wir reagiert wenn uns ein 75 Jahre alter Mann, so was erzählen würde. Vor allem, wenn seine Frau auch schon in dem Alter ist indem es biologisch gesehen nicht mehr möglich ist schwanger zu werden.
Im besten Fall hätten wir gelächelt.

Es dauerte noch über 25 Jahre bis sich Gottes Versprechen erfüllte.
Hätten wir die Geduld gehabt mit Abraham auf diese Prophetie zu warten?
Hätten wir fest daran gehalten?
Oder hätten wir Abraham als alten, evtl. senilen, Spinner abgetan?

Ein Einzelfall?

Nein!

Schauen wir uns Josef an.

Da ist er der Lieblingssohn Jakobs.

Ein Träumer mit großen Visionen.

Der unvorsichtigerweise, diese Träume seiner Familie erzählt.

Was passiert nun, aus Neid und sicher auch Unwillen werfen ihn die Brüder in einen Wasserlosen Brunnen.

Dann verkaufen sie Josef als Sklaven nach Ägypten.

Nun einige hätten, da schon gesagt. Hochmut kommt vor dem Fall. Und evtl., das Gott Josef bestraft hat.
Mag sein, ich nenne es Charakterschulung.
Aber schauen wir mal weiter.

Da ist nun jung Josef und arbeitet als Sklave. Alles was er anfasst, gelingt wohl. Das fiel sogar dem Besitzer auf. Er setzte Josef also als Verwalter seines Besitzes ein. Doch was

geschieht nun?
Die Frau Potiphas verliebt sich in Josef und will ihn verführen. Josef bleibt standhaft, die Frau belügt ihren Mann. Josef landet im Knast.

Nun wir kennen die Geschichte, aber stellen wir uns doch einmal vor wir würden sie nicht kennen.
Gibt es so was unschuldig im Gefängnis?
Viele die ich kenne (und ich nehme mich da gar nicht aus) hätten Zweifel.
Viele Jahre war Josef im Gefängnis.
Dann hatten zwei der Gefangenen Träume. Josef konnte mit Gottes Hilfe die Bedeutung der Träume deuten.
Der Bäcker wurde hingerichtet und der Mundschenk kam frei.
Zwei weitere Jahre blieb Josef im Knast.

Erst dann wurde er zum Pharao gerufen, um dessen Träume zu deuten.
Wir wissen, das der Pharao Josef dann als Kanzler eingesetzt hat.
Wir wissen heute wie sehr Gott an Josefs Charakter gearbeitet hat.
Denn er war ein sehr demütiger Mann am Ende.

Hätten wir dies erkannt, während der Leidenszeit?

Hiob war ein Mann Gottes von dem es heißt er hatte Gunst in Gottes Augen. Vergleichbar mit Noah der auch Gunst vor Gottes Augen hatte. Nun wir kennen die Geschichte. Hiob wurde alles genommen, Besitz, Kinder und Gesundheit.
Seine Freunde kamen, sie kamen nicht um ihn zu trösten.
Sie beschuldigten ihn der Sünde.
Am Ende musste Hiob für sie beten, damit Gott sie nicht mit dem Tode straft.

Ganz egal, welchen Mann Gottes ich mir in der Bibel anschaue, Moses wurde vom Prinzen zum Schafhirten degradiert und erst nach 40 Jahren für seinen Dienst gerufen.
David war viele Jahre auf der Flucht.
Den Propheten ging es fast ausschließlich schlecht, während sie prophezeiten.
Sie wurden geschlagen, ausgegrenzt und vieles mehr.

Wie also beurteilen wir die Dinge?

Wer verändert uns?

Immer wieder begegnen mir Menschen, die sagen „Wir müssen Heilig sein, denn unser Gott ist Heilig."

Mit den Jahren haben diese Menschen immer weniger ein Lächeln und immer mehr verkniffene Züge in ihrem Gesicht.

Meistens werden sie immer richtender und ihr Mitleid mit anderen nimmt immer mehr ab.

Matthäus 24, 12- 13 12 und dieweil die Ungerechtigkeit wird überhandnehmen, wird die Liebe in vielen erkalten. 13 Wer aber beharret bis ans Ende, der wird selig....

Die Ungerechtigkeit wird überhandnehmen. Wir alle sind immer wieder Ungerechtigkeiten ausgesetzt.

Die Liebe wird in vielen erkalten.

Warum? Weil wir uns im Sticg gelassen fühlen? Was genau ist es das unsere Liebe erkalten läßt?

Vielleicht beten wir schon Jahre für eine bestimmte Sache und erleben keine „sichtbare" Erhörung.

Vielleicht verlieren wir unseren Besitz.

Aber vielleicht und darüber möchte ich jetzt schreiben. Nimmt unsere eigene Ungerechtigkeit kein Ende.

Vielleicht verändern sich unsere Charaktäre nicht.

Ja sind wir nicht jahrelang dreimal in der Woche in die Gemeinde gerannt?

Bin ich nicht morgens um fünf aufgestanden und habe in der Bibel gelesen und gebetet.

Bin ich nicht, immer von allen sündigen Plätzen weggeblieben?

Ich habe doch, ich bin doch.............

Genau an diesen Punkten stand auch ich mal.

Warum Herr, hast du dies und jeden zugelassen? Bin ich nicht immer ……..?

Bitterkeit erfüllte mein Herz.

Bitterkeit über Dinge die mir zustießen.

Dann kam diese Zugfahrt, am 12.09.2013.

Da sprach Gott zu mir, aber nicht über die Dinge die mir andere angetan hatten.

Nein er sprach über die Dinge, die ICH nicht getan habe und das obwohl ich wusste, das Gott es wollte.

Über seine Ordnungen, die er niemals verwirft.

Dann sagte er mir ganz klar: „Du musst dich ändern!"

Aber im selben Augenblick macht er mir auch klar. „Du kannst dich nicht selbst verändern."

Da saß ich nun, verzweifelt über die Forderung und Unmöglichkeit diese zu erfüllen.

Doch dann sagte er mir einen Satz: „Nur durch den Heiligen Geist, wirst du verändert."

Die Erkenntnis, nichts aber wirklich gar nichts zu können, befreite mich.

Der Druck wich völlig von mir.

Es war eine vollständige Kapitulation.

Mein Leben als Christin begann neu.

Jeremia 24, 7 und will ihnen ein Herz geben, daß sie mich kennen sollen, daß ich der HERR sei. Und sie sollen mein Volk sein, so will ich ihr Gott sein; denn sie werden sich von ganzem Herzen zu mir bekehren.

Jeremia 31, 33-34 sondern das soll der Bund sein, den ich mit dem Hause Israel machen will nach dieser Zeit, spricht der HERR: Ich will mein Gesetz in ihr Herz geben und in ihren Sinn schreiben; und sie sollen mein Volk sein, so will ich ihr Gott sein;…

Mose 30, 6 Und der HERR, dein Gott, wird dein Herz beschneiden und das Herz deiner Nachkommen, daß du den HERRN, deinen Gott, liebst von ganzem Herzen und von ganzer Seele, auf daß du leben mögest.

Hesekiel 11, 19- 20 Und ich will euch ein einträchtiges Herz geben und einen neuen Geist in euch geben und will das steinerne Herz wegnehmen aus eurem Leibe und ein fleischernes Herz geben, ...

Wieder und wieder die Zusage des Herrn, das er es tun wird. ER WIRD DIES TUN.

Welch eine Erleichterung, welcher Druck wurde da von mir genommen.

Und ich kann ich mich jetzt zurücklehnen die Füße hochlegen und sagen: „Ach der Herr macht das schon?"

Nein!

Denn Gott wird mich nicht verändern, wenn ich es nicht will.

Was kann ich also tun?

Beziehung mit ihm haben. Im Gespräch mit ihm bleiben. Sein Wort lesen und mir vom Heiligen Geist erklären lassenwas er mir dadurch sagen will.

Tun was er mir sagt.

Das ist sehr wenig, im Vergleich zu dem was er tut.

1. Thessalonicher 5, 23- 24 Er selbst aber, der Gott des Friedens, heilige euch völlig; und vollständig möge euer Geist und Seele und Leib untadelig bewahrt werden bei der Ankunft unseres Herrn Jesus Christus! 24 Treu ist, der euch beruft; er wird es auch tun.

Diese Zusagen Gottes sind sie nicht großartig?

Sind diese nicht überwältigend?

Welch große Liebe!

42, ein Film der bewegt

Neulich habe ich den Film 42 gesehen.

Dieser Film, hatte wirklich Botschaft.

Es ging um den Baseballhelden Jack Robinson.

Der erste Farbige, der in einer "weißen" Baseballmannschaft aufgestellt wurde, in einem sehr rassistischen Amerika.

Der Manager der Brooklyn Dodgers, Branch Rickey, war Christ und holte Jack Robinson einfach in sein Team.

Bevor Branch Rickey Jack jedoch anheuerte, sagte er zu Jack Robinson , dass egal wie sehr er, Jack, angegriffen wird, er sich nicht wehren DARF.

Denn wenn er zurückschlägt würde es nicht heißen "der Weiße hat.... " sondern nur "der N..... hat sich nicht im Griff"

Jack Robinson begehrte zuerst dagegen auf, Er fragte Branch Rickey ob er ein Feigling werden solle.

Branch Rickey antwortete ihm, dass er den **MUT** von ihm erwarte sich eben **NICHT** zu wehren.

Branch Rickey meinte er müsse diese Schlacht auf dem Feld gewinnen.

Jack Robinson versprach das so zu tun.

Das war hammerhart.

Nicht nur die gegnerischen Teams, auch das eigene Team stand nicht hinter ihm.

Letztendlich siegte aber Jack Robinson.

So ist es auch bei uns wir müssen die Schlacht zusammen mit Gott auf dem Feld gewinnen.

Es ist doch heute schon so, Blinde sehen, Lahme gehen, Tote stehen auf.

Sogar Anticharismatiker wissen, dass nur Gott einen Toten ins

Leben zurückrufen kann.

Einfach weitermachen.

In der Gewissheit, das Gott schon gesiegt hat.

Moral, oder wer hats erfunden?

Beim Bibel lesen heute, wurde mir einmal mehr bewusst, dass die Auserwählten Gottes, nicht meinen Moralvorstellungen entsprechen würden.

Abraham wird auch bei uns Christen, als Vater des Glaubens genannt.

Römer 4, 16

Darum ist es aus Glauben, dass es nach Gnade gehe, damit die Verheißung der ganzen Nachkommenschaft5 sicher sei, nicht allein der vom Gesetz, sondern auch der vom Glauben Abrahams, der unser aller Vater ist

Bei genauerem hinsehen, war auch Abraham ein Lügner.

Zweimal belog er die Menschen, und gab seine Frau Sara als seine Schwester aus.

1. Mose 12, 11- 13

Und es geschah, als er nahe daran war, nach Ägypten hineinzukommen, sagte er zu seiner Frau Sarai: Siehe doch, ich weiß5, dass du eine Frau von schönem Aussehen bist; 12 und es wird geschehen, wenn die Ägypter dich sehen, werden sie sagen: Sie ist seine Frau. Dann werden sie mich erschlagen und dich leben lassen. 13 Sage doch, du seist meine Schwester, damit es mir gut geht um deinetwillen und meine Seele deinetwegen am Leben bleibt!

Dann jagt dieser Abraham seinen Sohn Ismael davon, auf Wunsch von Sara unter der Zustimmung Gottes.

1. Mose 21, 14

Und Abraham machte sich früh am Morgen auf, und er nahm Brot und einen Schlauch Wasser und gab es der Hagar, legte es auf ihre Schulter und gab ihr das Kind6 und schickte sie fort.

Jakob, der seinen Bruder übervorteilt. Auch wenn Esau achtlos mit seinem Erstgeburtsrecht umging. Is es moralisch vertretbar, meinem hungernden Bruder einen solchen Handel anzubieten?

1. Mose 25, 29- 34

29 Einst kochte Jakob ein Gericht. Da kam Esau vom Feld, und er war erschöpft. 30 Und Esau sagte zu Jakob: Lass mich doch schnell essen von dem Roten, dem Roten da, denn ich bin erschöpft! Darum gab man ihm den Namen Edom. 31 Da sagte Jakob: Verkaufe mir heute1dein Erstgeburtsrecht! 32 Esau sagte: Siehe, ich gehe ja doch dem Sterben entgegen. Was soll mir da das Erstgeburtsrecht? 33 Jakob aber sagte: Schwöre mir heute18! Da schwor er ihm und verkaufte sein Erstgeburtsrecht an Jakob. 34 Und Jakob gab Esau Brot und ein Gericht Linsen; und er aß und trank und stand auf und ging davon. So verachtete Esau das Erstgeburtsrecht.

Jakob, der seinen Vater und Bruder betrügt.

1. Mose 27, 19- 24

Da sagte Jakob zu seinem Vater: Ich bin Esau, dein Erstgeborener; ich habe getan, wie du zu mir geredet hast. Richte dich doch auf, setze dich, und iss von meinem Wildbret, damit deine Seele mich segnet! 20 Isaak aber sagte zu seinem Sohn: Wie hast du es denn so schnell gefunden, mein Sohn? Er sagte: Weil der HERR, dein Gott, es mir begegnen ließ. 21 Da sagte Isaak zu Jakob: Tritt doch heran, dass ich dich betaste, mein Sohn, ob du wirklich mein Sohn Esau bist oder nicht! 22 Und Jakob trat zu seinem Vater Isaak heran; und er betastete ihn und sagte: Die Stimme ist Jakobs

Stimme, aber die Hände sind Esaus Hände. 23 Und er erkannte ihn nicht, weil seine Hände behaart waren wie die Hände seines Bruders Esau. Da segnete er ihn. 24 Und er sagte: Bist du wirklich mein Sohn Esau? Er aber sagte: Ich bin's.

Josef, der zuerst schon sehr arrogant und überheblich wirkt.

1. Mose 37, 2

2 Dies ist die Geschichte1 Jakobs: Josef, siebzehn Jahre alt, war als Hirte mit seinen Brüdern bei den Schafen - als er noch ein Junge war -, mit den Söhnen Bilhas und mit den Söhnen Silpas, der Frauen seines Vaters. **Und Josef hinterbrachte ihrem Vater die üble Nachrede über sie.**

1. Mose 37, 5- 8

5 Und Josef hatte einen Traum, den erzählte er seinen Brüdern; da hassten sie ihn noch mehr. 6 Und er sagte zu ihnen: Hört doch diesen Traum, den ich gehabt habe: 7 Siehe, wir banden Garben mitten auf dem Feld, und siehe, meine Garbe richtete sich auf und blieb auch aufrecht stehen; und siehe, eure Garben stellten sich ringsum auf und verneigten sich vor meiner Garbe. 8 Da sagten seine Brüder zu ihm: Willst du etwa König über uns werden, willst du gar über uns herrschen? Und sie hassten ihn noch mehr wegen seiner Träume und wegen seiner Reden.
Moses der einen Ägypter erschlägt.

2. Mose 2, 12

12 Und er wandte sich hierhin und dorthin, und als er sah, dass niemand in der Nähe war, erschlug er den Ägypter und verscharrte ihn im Sand.

Tamar, die sich als Hure verkleidet um schwanger zu werden von ihrem Schwiegervater.

1. Mose 38, 14- 19

Da legte sie die Kleider ihrer Witwenschaft von sich ab, bedeckte sich mit einem Schleier und verhüllte sich. Dann setzte sie sich an den Eingang von Enajim, das am Weg nach Timna liegt; denn sie hatte gesehen, dass Schela groß geworden war und sie ihm doch nicht zur Frau gegeben wurde. 15 Und Juda sah sie und hielt sie für eine Hure, denn sie hatte ihr Gesicht bedeckt. 16 Und er bog zu ihr ab an den Weg und sagte: Auf, lass mich zu dir eingehen! Denn er erkannte nicht, dass sie seine Schwiegertochter war. Sie aber sagte: Was gibst du mir, wenn du zu mir eingehst? 17 Da sagte er: Ich will dir ein Ziegenböckchen von der Herde senden. Sie sagte: Wenn du ein Pfand gibst, bis du es sendest! 18 Da sagte er: Was für ein Pfand soll ich dir geben? Sie sagte: Deinen Siegelring und deine Schnur und deinen Stab, der in deiner Hand ist. Da gab er es ihr und ging zu ihr ein, und sie wurde schwanger von ihm. 19 Dann stand sie auf und ging hin, sie legte ihren Schleier von sich ab und zog die Kleider ihrer Witwenschaft wieder an.

Rahab eine Hure.

Josua 2, 1

Und Josua, der Sohn des Nun, sandte von Schittim heimlich zwei Männer als Kundschafter aus und sagte: Geht, seht euch das Land an und Jericho! Da gingen sie hin und kamen in das Haus einer Hure; ihr Name war Rahab. Und sie legten sich dort schlafen.

Rut die sich zu Füßen eines Mannes legt um von ihm geheiratet zu werden.

Rut 3. 7

Als Boas nun gegessen und getrunken hatte und sein Herz fröhlich wurde, da kam er, um sich am Ende des Getreidehaufens hinzulegen. Da kam sie leise, deckte sein Fußende auf und legte sich hin.

David, der Ehebruch begeht und dazu noch einen Mord begeht.

2. Samuel 11, 4

Da sandte David Boten hin und ließ sie holen. Und sie kam zu ihm, und er lag bei ihr. Sie hatte sich aber gerade gereinigt von ihrer Unreinheit. Und sie kehrte in ihr Haus zurück.

2. Samuel 11, 15

15 Und er schrieb in dem Brief Folgendes: Stellt Uria dahin, wo die Kampffront am härtesten ist, und zieht euch hinter ihm zurück, dass er getroffen wird und stirbt!

Gott wählte Menschen, die unseren Moralvorstellungen niemals entsprechen würden.

Doch Gott sah auf ihr Herz.

1. Samuel 16, 7

Aber der HERR sprach zu Samuel: Sieh nicht auf sein Aussehen und auf seinen hohen Wuchs! Denn ich habe ihn verworfen. Denn der HERR sieht nicht auf das, worauf der Mensch sieht. Denn der Mensch sieht auf das, was vor Augen ist, aber der HERR sieht auf das Herz.

Er sah Dinge, die fürs menschliche Auge nicht sichtbar sind.

Gott hat manche durch schwierige Situationen in ihrem Leben geschult.

Charakterschulung.

Gott hat in diesen Menschen Glauben gefunden.

Diese Menschen stehen sogar im **Stammbaum Jesu**.

Hoffentlich bedenken wir dies, wenn wir Menschen vor Augen haben, die nicht unseren Moralvorstellungen entsprechen.

Hoffentlich machen wir es nicht wie der Pharisäer im Tempel, der Gott dafür dankte nicht so zu sein wie sein Bruder.

Lukas 18, 9- 14 : 9 Er sprach aber auch zu einigen, die auf sich selbst vertrauten, dass sie gerecht seien, und die Übrigen verachteten, dieses Gleichnis: 10 Zwei Menschen gingen hinauf in den Tempel, um zu beten, der eine ein Pharisäer1 und der andere ein Zöllner. 11 Der Pharisäer stand und betete bei sich selbst so: Gott, ich danke dir, dass ich nicht bin wie die Übrigen der Menschen: Räuber, Ungerechte, Ehebrecher oder auch wie dieser Zöllner. 12 Ich faste zweimal in der Woche, ich verzehnte alles, was ich erwerbe. 13 Der Zöllner aber stand weitab und wollte sogar die Augen nicht aufheben zum Himmel, sondern schlug an seine Brust und sprach: Gott, sei mir, dem Sünder, gnädig! 14 Ich sage euch: Dieser ging gerechtfertigt hinab in sein Haus, im Gegensatz zu jenem; denn jeder, der sich selbst erhöht, wird erniedrigt werden; wer aber sich selbst erniedrigt, wird erhöht werden.

1. Petrus 5, 5

Dem Hochmütigen widersteht Gott. Dem Demütigen schenkt er Gnade.

1. Korinter 10, 12

Darum, wer meint, er stehe, mag zusehen, dass er nicht falle.

Der Gott, der die Moral erfunden hat, sieht mit anderen Augen als wir.

Lasst uns das immer bedenken, im Umgang mit Menschen deren Handlungsweise wir nicht verstehen.

Tunnelblick?

Zuerst muss ich an dieser Stelle Gott danken, dass er mich immer wenn ich in der Gefahr war einen Tunnelblick zu entwickeln mich (manchmal recht unsanft) die Perspektive wechseln ließ

Bei mir bestand am Anfang meines Glaubenslebens ab und an die Gefahr, dass mich Menschen zu sehr beeindruckten.

Zum Beispiel Nicky Cruz, dessen Buch „Flieh, Kleiner, flieh" mich sehr beeindruckte.

Dann kam Nicky Cruz nach Karlsruhe.

„Super" dachte ich, „da kann ich den mal persönlich sehen."

Tja was soll ich sagen..... Gott ließ es nicht zu.

Er lässt sich nicht die Ehre nehmen.

Er ist ein eifersüchtiger Gott.

Das hat er mir recht schnell beigebracht und dafür danke ich ihm.

Es gibt viele Bereiche, in denen wir einen Tunnelblick entwickeln können.

Wenn wir einen Pastor oder Evangelisten blind folgen.

Sicher sollen wir uns unter die Leiterschaft unserer Gemeinde stellen.

Doch auch hier müssen wir durch ständiges Gebet wachsam bleiben.

Wir Menschen sind alle fehlbar.

Auch der Gemeindeleiter kann vom Weg abkommen.

Dann ist es gut wenn wachsame Geschwister da sind, die liebevoll auf ihn zu gehen und in ermahnen.

Meine Erfahrung mit einigen Geschwistern ist, dass einige nichts von der Beziehung wissen die Gott mit uns lebt und leben will.

Für sie ist es zwar selbstverständlich, dass Gott mit Abraham,

Mose, Jeremia, Paulus und anderen sprach. Aber das persönliche Gespräch, dass Gott mit ihnen führen will kennen sie nicht.

Sie ziehen es noch nichtmal in Erwägung.

Menschen, die dies leben und die erleben wie Gott in ihr Leben spricht ihnen Dinge zeigt und sagt die dann eintreffen, verstehen sie nicht.

Und wenn man versucht ihnen zu erklären, dass es Gott ist der einem Dinge zeigt, und man eine „Liebesbeziehung" mit ihm lebt.

Versuchen sie dir zu sagen, dass es darum geht wie Gott sich die Beziehung zu dir vorstellt.

Sie begreifen nicht, dass man genau die Beziehung mit Gott lebt, die er will.

Dann bekommen sie Angst und zack behaupten sie du hättest den Geist der Schwärmerei.

Wenn du ihnen liebevoll versuchst zu erklären, was Gott schon alles in deinem Leben getan hat.

Wo er eingegriffen hat, wollen sie es nicht hören. Sie prüfen nicht mal.

Sie erkennen aufgrund der Wände des Tunnels einfach viele Wahrheiten nicht.

Es gibt sicher viele Gründe für Tunnelblicke.

Einer davon ist, dass sie das Wirken des Heiligen Geistes nicht anerkennen.

1.Thessalonicher 5, 19

19 Den Geist dämpft nicht. 20 Prophetische Rede verachtet nicht. 21 Prüft aber alles und das Gute behaltet.

Hat man eine Prophetie und diese trifft ein, behaupten sie es sei Wahrsagerei. Sie haben immer Erklärungen, die dem Wirken des Heiligen Geistes widersprechen.

Und sie werden nicht müde, zu behaupten, dass in der heutigen Zeit keine Gaben des Heiligen Geistes existieren.

Warum behaupten sie so etwas?

Nun sie erleben es nicht, weil sie sich, vielleicht aus Angst, dem Geist Gottes nicht öffnen.

Die Gründe dafür können vielfältig sein.

Angst, Stolz, Hochmut, es gibt viele Gründe, sich Gott nicht vollständig hinzugeben.

Wo ich aber dem Heiligen Geist den Zutritt verwehre, werde ich nicht wachsen.

Dann ist das Wort nur Buchstabe und nicht Leben.

Dann lese ich nur Gesetz und verstehe nichts von der Freiheit.

Dann diene ich Gott nur als Diener, nicht als Kind.

Viele Menschen haben aus unterschiedlichen Gründen einen Tunnelblick entwickelt.

Die Gefahr einen Tunnelblick zu entwickeln betrifft meiner Meinung nach uns alle.

Deswegen ist es wichtig, jeden Tag aufs neue, persönliche Beziehung zu Gott durch Stille Zeit und auch Bibel lesen zu suchen und zu leben.

Begegnung mit Gott.

Off. 3, Vs. 20: Siehe, ich stehe vor der Tür und klopfe an. So jemand meine Stimme hören wird und die Tür auftun, zu dem werde ich eingehen und das Abendmahl mit ihm halten und er mit mir.

Mein Leben mit Jesus begann 1994. Meine Tochter (damals 4 Jahre) ging zu diesem Zeitpunkt in einen Kindergarten und lernte dort zwei Mädchen kennen, mit denen sie sich anfreundete.

So kam es, dass wir "Mütter", uns gegenseitig besuchten.
Zu diesem Zeitpunkt war ich noch mit einem gewalttätigen Mann
verheiratet. Und hatte täglich, unter diversen Gewaltausbrüchen
meines Mannes, zu leiden.

Ich schämte mich deswegen, und erzählte das natürlich nicht
weiter.

Und wir unterhielten uns über die Bücher des Schrifttellers Jack
London.

Schon beim nächsten Besuch Elkes, Anfang Januar 1995 bei mir,
brachte sie mir ein Buch mit. Dieses hieß "Das Lebendige Buch"
(Hoffnung für Alle).
Ich nahm dieses Buch in die Hand und las "Neues Testament".
Mein erster Gedanke war: "Ach du Sch....., Zeugen Jehova" und es
gingen mir mehrere Sachen in rasender Geschwindigkeit durch den
Kopf. Ein Gedanke davon war, wenn du jetzt allzu unfreundlich
bist, darf vielleicht Karin nicht mehr mit Bea spielen.
Dennoch fauchte ich Elke damals an: "Wenn ich mich überhaupt
jemals irgendeiner Gemeinschaft anschließen würde, dann den
Baptisten!" (Denn ich dachte, dass die Baptisten keine Sekte sind).
Ich erwartete, dass jetzt als Antwort von Elke käme: "Nur bei uns
ist das Heil oder so was ähnliches" Elke jedoch antwortete: "Kein
Problem, das sind auch alles meine Brüder und Schwestern".

Damit nahm sie mir quasi den Wind aus den Segeln. Wir tranken
Kaffee, dann ging sie nach Hause.
Dann geschah merkwürdiges. Wie unter Zwang "Du musst dieses
Buch lesen" begann ich im Neuen Testament zu lesen. Und an
dieser Stelle muss ich bekennen, dass die Bibel schon immer eines
meiner Lieblingsbücher war und ich Jesus einfach toll fand.
Nur war irgendwas anders. Das erste woran ich mich stieß, war die
Stelle, in der Jesus über Ehescheidung sprach.

Ich bin sicher, dass jede geschlagene Frau, das nachvollziehen
kann.

Also sprach ich Elke darauf an. Im Sinne von "...wie kann Gott wollen, dass eine Frau, die geschlagen wird, bei einem Mann bleibt?"
Dazu muss ich sagen, dass Elke eine "Engelsgeduld" bewies. Tapfer versuchte sie mir zu antworten. Sie sei der Meinung, dass man sich trennen darf. Nun wie gesagt, es war wirklich so, dass ich das Buch nicht aus der Hand legen konnte. Und so stieß ich immer auf Dinge, mit denen ich Schwierigkeiten hatte.

Zum Beispiel Vergebung und Feindesliebe.
Zu diesem Zeitpunkt hatte ich einen tiefen Hass auf meine Oma (väterlicherseits).
Diese hatte meinen Vater schlecht behandelt Und ich gab ihr die Schuld am Tod meines Vaters, der zu diesem Zeitpunkt schon 10 Jahre tot war. Meine Oma lebte seit neun Jahren nicht mehr. Dieser Hass, ging also über den Tod hinaus.
Wie soll man gegen ein Gefühl angehen können?

Ein anderer Punkt war, dass man Jesus mehr lieben soll als seine Familie und seine Kinder. "Das geht doch gar nicht!" sagte ich empört zu Elke. Ich war zu diesem Zeitpunkt definitiv der Meinung, dass man für Gefühle nichts kann. Und auch keinen wirklichen Einfluss darauf hat. Heute weiß ich, dass man sich durchaus entscheiden kann.

Diese Gespräche mit Elke, über das Neue Testament, fanden innerhalb eines Zeitraumes von 11 Tagen statt.
An einem Freitag war die Situation zuhause mal wieder untragbar. Ich weiß nicht, ob du solche Situationen kennst, die immer gleich ablaufen.
Es gab einen Streit mit meinem Mann (wie so oft). Und nach erheblichen Schlägen und Beleidigungen, lief ich weinend aus dem Haus.
Wie oft bei solchen Situationen in der Vergangenheit, immer wenn ich wieder zurück kam, war die Situation noch schlimmer.
Dieses Mal jedoch änderte sich das. Es war Freitag der 20. Januar 1995.

Da ich mich zutiefst schämte, ging ich zur nächsten Telefonzelle und rief bei der Baptistengemeinde an. Dort hob ein Mann namens Peter B. ab. Ich begann mit dem Satz: "Ich hab da mal ne Frage, wie kann es sein, dass Gott Ehescheidung verbietet, wenn der Mann seine Frau misshandelt?"
WICHTIG!
Ich nannte weder meinen Namen noch meine Adresse.
Herr B. erklärte mir, dass ich mich durchaus trennen, aber eben nicht scheiden lassen darf.
Und für alle geschlagenen Frauen, die das jetzt vielleicht lesen, sage ich: "Keine Angst, ich bin von diesem Mann inzwischen geschieden".
Trotzig meinte ich dann: "Na dann wäre es ja besser gewesen, gar nicht erst zu heiraten!" Peter antwortete mir: "Dann wären Sie der Hurerei schuldig geworden". Jedenfalls sprach er mit mir. Da es ein Münztelefon war, brach irgendwann das Gespräch ab (kein Geld mehr). Und ich ging ungetröstet nach Hause. Emotional ging es mir absolut nicht besser und ich war nach wie vor extrem verzweifelt.

Zu diesem Zeitpunkt wohnten wir in einer Wohnung im 3. Stock, welche meiner Mutter gehörte.
Als ich oben die Tür aufschloss und die Wohnung betrat, überwältigte mich die Gegenwart Gottes! Es war ein strahlendes Licht im Gang und ich wusste: "Gott ist hier". Und ich wusste, dass Peter B. gerade für mich betete. Ich stand völlig überwältigt im Gang und dachte, wenn dieser Mann jetzt zu Gott betet, ohne meinen Namen zu kennen und Gott jetzt tatsächlich hier ist, dann ist da was dran. Nein, ich bekehrte mich nicht sofort. Ich fühlte mich wie Sherlock Holmes, der auf einer Spur war.

Am nächsten Tag, Samstag dem 21. Januar, ging ich mit meinem kleinen Sohn im Buggy, zu der Baptistengemeinde hin. Dort wurde ich zuerst abgewiesen. Daraufhin bin ich zur nächsten Telefonzelle, und rief die Pastorin an. Diese bot sofort an, dass wir uns in der Gemeinde treffen. Ich ging wieder zurück. Wir sprachen lange miteinander und sie betete für mich.

Danach hatte ich ein Gefühl inneren Friedens, der mit nichts vergleichbar ist. Jedoch sagte ich so zu mir selbst: "Man kann sich auch viel einreden". Trotzdem blieb ich dran wie der besagte Detektiv.

Sonntag, dem 22. Januar, ging ich mit beiden Kindern in den Gottesdienst. Dort geschah....... NICHTS. Ich fand den Gottesdienst ganz nett, aber im Vergleich zu den vorangegangenen Tagen, war ich enttäuscht, dass so gar nichts passierte.

In diesem Gottesdienst war auch eine junge Frau, die bei der freikirchlichen Gemeinde wohnte. Diese junge Frau lud mich noch auf eine Tasse Kaffee ein. Sie selbst hatte einen kleinen Sohn, der im gleichen Alter wie mein Sohn war. Ich ging mit ihr.
Ein junger Mann kam noch dazu, der bei der Gemeinde Hilfe suchte. Vermutlich ein Drogenproblem hatte.

Die junge Frau namens Claudine kochte gerade Kaffee, als der junge Mann anfing mir Sex-Fragen zu stellen. Vielleicht kennst du das Gefühl im falschen Film zu sein. Jedenfalls dachte ich: „Wie bekloppt ist das denn hier." Inzwischen war der Kaffee fertig und ich setzte mich bewusst von diesem Mann weg, in einen Rattansessel.

Der jungen Frau war es sehr peinlich, dass dieser Mann mir Sexfragen stellte.
Claudine fing an, mit diesem jungen Mann an zu streiten. Ich dachte nur noch, schnell Kaffee austrinken und dann weg hier.
Da passierte es.
Von jetzt auf gleich wurde ich von OBEN mit einer Liebe durchflutet, dass jede einzelne Zelle getroffen wurde. Ich wusste, JESUS liebt mich. Und das mit einer Liebe, nach der ich mein Leben lang gesucht hatte.
DAS GENAU WAR ES!!!
Und ich wusste drei Dinge:
JESUS LEBT, DIE BIBEL IST WAHR, ICH MUSS MICH TAUFEN LASSEN!!!

Die Jahreslosung des Jahres 1995 war: "*Wendet euch zu mir, so werdet ihr gerettet werden, all ihr Enden der Erde, denn ich bin Gott und keiner sonst!*"
Die Tageslosung für den 22.01.1995 war: "*Und sie werden kommen von Osten und Westen und von Norden und Süden und zu Tische liegen im Reiche Gottes.*"

Na wenn das nicht genau passt!
Noch eine Anmerkung:
In der Bibel steht: „*Siehe, ich stehe vor der Tür und klopfe an. So jemand meine Stimme hören wird und die Tür auftun, zu dem werde ich eingehen und das Abendmahl mit ihm halten und er mit mir*"
Bei mir hat Jesus nicht geklopft, bei mir hat er die Tür gestürmt!
SEK Jesus!

Dankbar für Alles?

Meine Kindheit, war wie bei vielen Menschen, nicht schön.

Meine erste große Liebe tat mir schlimmes an.

Meine zweite große Liebe nahm mich finanziell aus.

Mein heutiger Exmann, misshandelte mich über den Zeitraum von 19 Jahren.

Als ich meinen Exmann verließ, tat man mir das Schlimmste überhaupt an.

Man verleumdete mich, und nahm mir das was ich (ausser Jesus) am meisten liebte.

Christen warfen mich aus ihrem Haus, weil ich in ihren Augen zu sündig war.

Kann ich für all das, Dankbar sein?

Ja, ich kann es denn, Gott ließ mich niemals allein.

Er gab mir die Kraft die ich brauchte, um das alles zu überstehen.

Er sorgte dafür, dass ich nicht von Menschen abhängig bin, sondern nur von ihm.

Er führte mich tiefer und tiefer in eine Liebesbeziehung mit ihm.

Er ist dabei mich vollkommen wiederherzustellen.

Ich darf Anteil an den Leiden Jesu haben.

Ich durfte erkennen, dass ich nichts selbst leisten kann und vollständig von seiner Gnade abhängig bin.

Er zeigte mir, dass es nur der Heilige Geist ist, der mich verändert.

Jetzt darf ich die Früchte sehen, die gewachsen sind.

Ich darf sagen, dass ich ein Geist mit meinem Gott bin.

1. Korinther 6, 17

17 Wer aber dem Herrn anhängt, der ist *ein* Geist mit ihm.

Vor vielen Jahren, hatte eine Glaubensschwester eine Prophetie für mich:

Sie sagte:" Noch nie habe ich für einen Menschen einen solch steinigen Weg gesehen, das macht Gott bei dir so damit du ganz nah bei ihm bleibst."

Ja, ich habe allen Grund, Gott dankbar zu sein, denn er hat mich durch die schlimmen Stunden geführt.

Danke Vater, dass du nicht zugelassen hast, dass ich von Menschen abhängig werde.

Danke geliebter Vater, dass du mich für würdig erachtet hast, diese Dinge zu ertragen.

Danke Papa, dass ich dadurch das Leid anderer Menschen die, das alles selbst durchleben spüren kann und ihnen mit deiner Liebe begegnen kann.

Danke Papa, dass ich in den Werken wandeln darf die du für mich bereitet hast.

Danke für ALLES. In Jesu Namen Amen.

Welche Beziehung zu Gott?

In jüngster Zeit, sind mir oft Menschen begegnet, die mir sagen wollten, meine Beziehung mit Gott sei falsch.

Oder anders gesagt, sie wollten mir erklären, dass ich das vollkommen falsch sehe.

„Du musst die Beziehung mit Gott führen, wie er es will!" meinten sie.

Wenn ich erklärte, dass zwischen Gott und mir alles in Ordnung ist.

Verstanden sie es nicht.

Immer wieder wies mich ein Bruder auf Genesis hin, auf den Anfang.

Aber genau da beginnt doch die Beziehung zwischen Gott und dem Menschen.

Gott hat den Menschen zur Beziehung mit IHM geschaffen.

Er hatte schon Engel, Cherubime und mehr als Diener.

Mit dem Menschen wollte er eine Beziehung.

Dann kam der Sündenfall, doch Gott selbst tat ALLES damit diese Beziehung wieder hergestellt werden konnte.

Er selbst bezeichnet die Gemeinde als seinen Leib und seine Braut.

Was bedeutet das eigentlich?

Über den Leib werde ich heute nicht schreiben, das ist ein anderes Thema.

Heute spreche ich über die Braut.

Die ganze Gemeinde ist die Braut Christi.

Was ist jedoch mit uns einzelnen?

Als ich sagte für mich ist die Beziehung mit Gott, wie eine Ehe, nur besser.

Hiess es sofort: „Oh, oh, schonmal was von Schwärmerei gehört?"

Interessant war das, was ich in der Bibel zu genau diesem Thema fand.

Schauen wir uns den 1. Korinther 6 ab Vers 16 an. Bevor wir ds tun möchte ich betonen, dass die Bibel wenn sie davon spricht ein Fleisch zu werden die Ehe meint.

1. Korinter 6, 16

Oder wisst ihr nicht, dass, wer der Hure anhängt, ein Leib mit ihr ist? "Denn es werden", heißt es, "die zwei ein Fleisch sein."

Das bedeutet im Klartext, dass die beiden sich miteinander ehelich verbinden. Eins werden.
Nun soweit ist das ja kein Diskussionspunkt.
Aber jetzt kommts!

1. Korinther 6, 17
Wer aber dem Herrn anhängt, ist ein Geist mit ihm.

Wir gehen eine Verbindung mit Gott ein, die der Ehe gleicht.
Natürlich nicht im Fleisch. Aber im Geist.
Wir werden *EINS* mit ihm.

Was bedeutet das in unserem Leben?
Das wir wirklich anfangen zu sehen, was der Vater tut, dass wir hören können was der Vater spricht.
Petrus und Johannes konnten den Gelähmten vor dem Tempel im Namen Jesu heilen, weil sie es den Vater sehen taten.

Wir sollen immer tiefer in diese Liebesbeziehung mit Gott kommen.
Damit wir sehen und hören, was Gott tun möchte.
Viele Christen leben dies. Sie öffnen sich dem Heiligen Geist und geben sich völlig hin.
Vater ich danke dir, dass ich mehr und mehr sehen kann was du tust.
Danke, dass nur DU mich so tief führst, nur dir gebührt die Ehre.
Danke, dass du mich erkennen liessest, wie unfähig ich bin. Das ich

nichts von mir aus kann.
Danke für deine Liebe.
In Jesu Namen Amen!

Böses nicht mit bösem vergelten!

Jahrelang, war ich, das muss ich zugeben, von Rachegedanken erfüllt.

Und das obwohl ich gläubige Christin war.

Ich möchte hier nicht alles was man mir angetan hat schreiben, denn darum geht es nicht.

Aber stellt euch vor. Jemand würde Lügen und Verleumdungen über euch erzählen.

Euch alles nehmen, sowhl im materiellen als auch im persönlichen Bereich.

Es war eine sehr schlimme Zeit.

Der Schmerz über all das, zwang mich wirklich zu Boden.

Wie Hiob, litt ich und wie Hiob hatte ich fast „keine" Freunde.

Ich wünschte mir wirklich Gericht, für die Menschen, die mir und Menschen die ich liebe, soviel Schlimmes antaten.

Aber was hätte das in aller Konsequenz bedeutet?

Wären diese Menschen direkt in die Hölle geworfen worden, Gäbe es für sie keine Möglichkeit mehr ihr Leben mit Gott zu leben.

Trennung von Gott, in Ewigkeit.

Bin ich nicht obwohl ich soviel Sünde = Zielverfehlungen in meinem eigenen Leben hatte, und über unbedachte Worte möchte ich nichtmal nachdenken, erlöst worden durch Jesus Tod am Kreuz?

Habe ich nicht genug Dinge getan, von denen ich weiß, dass sie nicht in Ordnung waren?

Habe ich nicht schon über andere Menschen schlecht geredet?

Doch, ich habe das getan. Ich wurde schuldig.

Gott vergab mir.

Mehr noch, er starb für mich dort am Kreuz.

Er wurde ausgepeitscht, angespuckt, ausgelacht, und gekreuzigt, FÜR MICH.

Kann irgendetwas was man mir antut oder angetan hat, wichtiger sein als diese Tatsache?

Und wenn er mir vergeben hat, welches Recht habe ich dann, nicht zu vergeben?

Gar keins!

Es ist schlimm, was zur Zeit passiert. Christen werden für ihren Glauben getötet.

Menschen werden geköpft, Frauen vergewaltigt, Kinder geschändet.

Es ist schrecklich was alles geschieht.

Doch trotz allem, sollen wir NICHT Böses mit Bösem vergelten.

Wir sollen nicht die Waffe in die Hand nehmen und töten.

Was sollen wir tun?

Vergeben, beten, segnen.

Wenn du von dir sagen kannst, du hättest niemals eine Sünde begannen, wirf den Stein.

Kannst du nicht? Ich auch nicht.

Wir haben es nicht gegen Menschen zu tun. Der Feind hatte uns und er hat diese Menschen im Griff.

Wir durften frei werden.

Lasst uns beten, vergeben und segnen.

Charisma? Ist das was zum Essen?

So oft wird mit dem Begriff Charismatisch oder Charismatiker umher geworfen.

Doch die Wenigsten wissen worum es bei diesem Begriff überhaupt geht.

Charismatisch oder Charismatiker leitet sich von dem Wort Charisma ab.

Dieses Wort steht im Urtext.

Was bedeutet dieses Wort?

Im Neuen Testament und im älterem Christentum bezeichnet Charisma eine Gnadengabe des Heiligen Geistes (1. Korinther 12, 7). Zu den Charismen zählen Weisheit mitteilen, Erkenntnis vermitteln, Glaubenskraft, Prophetie, Krankenheilungen, Wundertaten, Geisterunterscheidung, Zungenrede und Auslegung der Zungenrede. Unter besonderer Betonung einiger dieser Charismen (auch: Charísmata) entstanden in der Neuzeit geistliche Aufbruchsbewegungen wie die Pfingstbewegung oder die charismatische Bewegung.

Quelle Wikipedia

Jedem Christen der HEUTE noch glaubt, dass diese Gaben NICHT aufgehört haben, wird kurz oder lang Menschen begegnen die in heftig angreifen.

Das passiert alles nicht mehr, mit dem Tod der Apostel hat das aufgehört.

Bestenfalls sagen sie mit der Bibel hat es aufgehört.

Nun ich kann an dieser Stelle getrost sagen, das diese Menschen die Unwahrheit sprechen.

Und bevor ihr mich steinigt, überlegt mal selbst.

Wenn die Gnadengaben aufgehört haben mit dem Tode der Apostel.

Gäbe es Heute keine Christen mehr.

Der Grund für diese Aussage? Nun Erkenntnis gäbe es nicht, Glaubenskraft gäbe es nicht, Weisheit gäbe es nicht.

Geisterunterscheidung gäbe es nicht.

Nun würden sich sogar die Christen, die gegen charismatische Gemeinden sind wehren, wenn ich ihnen sagen würde. „Ihr habt keine Erkenntnis, ihr habt keine Weisheit, ihr habt keinerlei Glaubenskraft. Ihr seid nicht in der Lage die Geister zu unterscheiden.

Witzig irgendwie, denn genau diese Gaben nehmen die Anticharismatiker für sich in Anspruch, während sie all dies den Charismatikern absprechen.

Zum Verständnis, hat Gott sich entschieden, keine Gnadengaben mehr zu geben?

Oder hat Gott festgestellt, das gewisse Gnadengaben, dem Evangelium schaden?

Was sind Gottes Motive für die Gaben?

Der Missionsbefehl Jesu, läßt überhaupt keinerlei Zweifel an den Gnadengaben zu.

Markus 16, 15 - 20

15 Dann sagte er zu ihnen: »Geht in die ganze Welt und verkündet die Gute Nachricht allen Menschen! 16 Wer zum Glauben kommt und sich taufen lässt, wird gerettet. Wer nicht glaubt, den wird Gott verurteilen. 17 Die Glaubenden aber werden an folgenden Zeichen zu erkennen sein: In meinem Namen werden sie böse Geister austreiben und in unbekannten Sprachen reden. 18 Wenn sie Schlangen anfassen oder Gift trinken, wird ihnen das nicht schaden, und Kranke, denen sie die Hände auflegen, werden gesund.« 19 Nachdem Jesus, der Herr, ihnen dies gesagt hatte, wurde er in den Himmel aufgenommen und setzte sich an die rechte Seite Gottes. 20 Die Jünger aber gingen und verkündeten überall die Gute Nachricht. Der Herr half ihnen dabei und bekräftigte die Botschaft durch die Wunder, die er geschehen ließ.

Einige argumentieren, dass dieses Wort nur die elf Jünger betrifft, schauen wir mal genauer hin.

Was steht in den Versen 17 bis 18?

Die Glaubenden aber werden an folgenden Zeichen zu erkennen sein: In meinem Namen werden sie böse Geister austreiben und in unbekannten Sprachen reden. 18 Wenn sie Schlangen anfassen oder Gift trinken, wird ihnen das nicht schaden, und Kranke, denen sie die Hände auflegen, werden gesund.«
Bedeutet dies nun, wenn ihnen diese Zeichen nicht folgen, sind es keine Glaubenden?

Nun soweit würde ich nicht gehen.
Es steht mir auch nicht zu, zu urteilen.
Es kann viele Gründe geben. Angst, Unwissenheit, Hochmut.
Solange ein Christ bekennt, das Jesus ins Fleisch gekommen ist, ist er von Gott.
Denn die Bibel läßt keinen Zweifel darüber, das dies das Kriterium ist an dem wir erkennen können, ob falsche Propheten vor uns stehen.

1, Johannes 4, 2 - 3
An folgendem Merkmal könnt ihr erkennen, ob es sich um den Geist Gottes handelt: Wer bekennt, dass Jesus Christus ein Mensch von Fleisch und Blut wurde, hat den Geist Gottes. 3 Wer das leugnet, aus dem redet nicht der Geist Gottes, sondern der Geist des Antichrist.

Glaube ich dem Wort Gottes?
Ja, ich glaube daran.

1. Kointher 12
1 Brüder und Schwestern! Ich komme nun zu den Fähigkeiten, die der Geist Gottes schenkt, und sage euch, was ihr darüber wissen müsst. 2 Ihr erinnert euch: Als ihr noch Ungläubige wart, seid ihr vor den stummen Götzen in Ekstase geraten. 3 Darum muss ich euch vor allem eines sagen: Wenn Gottes Geist von einem Menschen Besitz ergriffen hat, kann dieser nicht sagen: »Jesus sei

verflucht!« Umgekehrt kann niemand sagen: »Jesus ist der Herr!«, wenn nicht der Heilige Geist in ihm wirkt. 4 Es gibt verschiedene Gaben, doch ein und derselbe Geist teilt sie zu. 5 Es gibt verschiedene Dienste, doch ein und derselbe Herr macht dazu fähig. 6 Es gibt verschiedene Wunderkräfte, doch ein und derselbe Gott schenkt sie – er, der alles in allen wirkt. 7 Doch an jedem und jeder in der Gemeinde zeigt der Heilige Geist seine Wirkung in der Weise und mit dem Ziel, dass alle etwas davon haben. 8 Die einen befähigt der Geist dazu, Gottes weisheitsvolle Pläne zu enthüllen; andere lässt er erkennen, was in einer schwierigen Lage getan werden soll. 9 Derselbe Geist gibt den einen besondere Glaubenskraft und den anderen die Kraft, zu heilen. 10 Der Geist ermächtigt die einen, Wunder zu tun; andere macht er fähig, Weisungen Gottes zu verkünden. Wieder andere können unterscheiden, was aus dem Geist Gottes kommt und was nicht. Die einen befähigt der Geist, in unbekannten Sprachen zu reden; anderen gibt er die Fähigkeit, das Gesagte zu deuten. 11 Aber das alles bewirkt ein und derselbe Geist. So wie er es will, teilt er jedem und jeder in der Gemeinde die eigene Fähigkeit zu.

Angstfrei!

Mit 17 Jahren wurde ich an der Schilddrüse operiert.
In der Nacht, nach der Operation bekam ich innere Blutungen und wäre fast erstickt.
Gott sei Dank, war eine Zimmernachbarin noch wach und konnte, die Schwester, durch klingeln, verständigen.

Mein Vater der ebenfalls an der Schilddrüse operiert wurde, schnitten sie bei der Op die Stimmbänder durch. So dass er sehr sehr lange Zeit zum Logopäden musste.
Meine Schwester, musste auch zweimal an der Schilddrüse operiert werden.

Und auch bei meiner Tante lief nach einer Schilddrüsenoperation einiges schief.

Zurück zu mir, das Thema Schilddrüse war also für mich mit Panik und Schmerz verbunden.
Trotz Tableten kamen die Konoten und alles wieder.
Wenn mich ein Arzt darauf ansprach, lief ich davon.

Jeder, der mich darauf ansprach, stellte fest, das mit mir in diesem Punkt absolut nicht zu reden war.

Eine Ärztin, macht mir besonderen Druck, sie erklärte mir, dass ich sterben werde, wenn ich nicht zur Untersuchung gehe.
Sie beschrieb mir auch noch wie die Schilddrüse mir die Luftröhre zerdrücken würde.

Der Erfolg dieses Gesprächs, war eine Panikattacke und ein Nervenzusammenbruch.

So groß war die Angst. Nichtmal zur Schilddrüsenuntersuchung war ich bereit.

Vor zwei Monaten, bekam ich den Einddruck (von Gott), einen Facharzt anzurufen und mir einen Termin für die Untersuchung geben zu lassen.

Ich rief an und machte den Termin.

Ich fuhr tatsächlich zur Untersuchung und war ,trotz Angst, ruhig und gelassen.

Vorsichtig versuchte mir die Fachärztin zu sagen, dass ich zwar noch 5 Jahre warten könne, aber an einer Op nicht vorbeikäme.

Aber das wusste ich ja selbst schon.

So erklärte ich ihr, das sie den Termin machen solle.

Gestern nun, war ich zur Vorbesprechung im Krankenhaus und werde bald operiert.

Was mich selbst am meisten überrascht, und ja überglücklich macht, ist das ich angfrei bin.

Ich habe keine Angst!

Römer 8, 14
Denn welche der Geist Gottes treibt, die sind Gottes Kinder. 15Denn ihr habt nicht einen knechtischen Geist empfangen, daß ihr euch abermals fürchten müßtet; sondern ihr habt einen kindlichen Geist empfangen, durch welchen wir rufen: Abba, lieber Vater! 16 Derselbe Geist gibt Zeugnis unserem Geist, daß wir Kinder Gottes sind....
1. Johannes 4, 18
Furcht ist nicht in der Liebe, sondern die völlige Liebe treibt die Furcht aus; denn die Furcht hat Pein. Wer sich aber fürchtet, der ist nicht völlig in der Liebe.

Gott selbst nahm mir die Angst!
Er und nur er, gibt mir von Tag zu Tag mehr Freude, mehr Frieden und mehr Liebe.

So bekenne ich, das ich gar nichts kann, absolut nichts.
Danke gliebter Vater für deine Gnade und Liebe und Veränderung.
Ich lobe und preise deinen Heiligen Namen.

In Jesu Namen Amen

Das Herz Gottes!

Am 09. Dezember 1999 schlug mein "Mann" mich dermaßen, dass ich 14 Tage meinen rechten Arm nicht heben konnte. Außerdem hatte ich eine Platzwunde über dem Auge. Wieder einmal trennte ich mich. Diesmal fühlte ich mich fast wie tot (innerlich).
Eine Freundin fuhr mich zum Arzt. Ich schämte mich sehr, denn ich konnte mich ja nicht anziehen, sondern musste im Nachthemd zum Arzt gefahren werden.
Gerade zu dieser Zeit hatte ich einen "Putzjob" bei meiner Freundin Susi bekommen. Aus persönlichen Gründen und aus Überzeugung, bin ich nämlich bis zu diesem Zeitpunkt, nach der Geburt meiner Kinder, Vollzeithausfrau. Hausfrau mehr schlecht als recht, im Sinne von erfolgreicher Haushaltsführung. Jedenfalls musste ich meiner Chefin und Freundin sagen, dass ich leider nicht arbeiten kann. Susi hatte Verständnis und versicherte mir, dass ich meinen Job behalte. Selbstverständlich trennte ich mich von diesem "Mann". Zu diesem Zeitpunkt jedoch noch nicht endgültig.

Sonntags wurde ich von jemanden in den Gottesdienst mitgenommen. Dort warteten wir auf den Gastprediger Frank S. Der damals eine befreundete Gemeinde (andere Denomination), leitete.

Frank kam ungefähr 10–15 Minuten zu spät. Hetzte nach vorne und begann damit, darüber zu reden, dass Gott ihm im Auto den Eindruck vermittelt hat, dass Menschen anwesend sind, die sich innerlich wie tot fühlten. BINGO

Er bot an, nach dem Gottesdienst mit diesen Menschen zu beten. Natürlich ging ich hin. Er wusste nicht, dass ich meinen rechten Arm nicht richtig bewegen konnte. Als er mir die Hand auflegte, um für mich zu beten, zeigte ihm Gott dies.

Er sprach, dass er ein Adlerjunges mit gebrochenem Flügel sähe. Dass aber Gott dies heilen wird und ich wieder fliegen darf. Wow

was für ein Wort!
Jesaja 40 Vs 31 Aber die auf den HERRN harren, kriegen neue Kraft, dass sie auffahren mit Flügeln wie Adler, dass sie laufen und nicht matt werden, dass sie wandeln und nicht müde werden.

Im Dezember 1999, vom 29. Dezember 1999 bis 01. Januar 2000, fand in Karlsruhe ein Worship-Event statt. Initiator war Walter Heidenreich. Aus vielen verschiedenen Denominationen kamen die Christen zusammen.
Dieses Event wurde von vielen unterschiedlichen Gemeinden geleitet. Durch Gottes Gnade hatte ich die Möglichkeit, über den gesamten Zeitraum, alle Veranstaltungen besuchen zu können.

Zusammen mit 8000 Menschen, aus über 40 Nationen, betete ich an. Immer wieder suchte ich Gottes Gegenwart.
An einem der Abende wurde mir eine Bitte sehr wichtig. Mehr noch als wichtig. Diese Bitte wurde für mich lebensnotwendig. So setzte ich mich einfach hin. Und obwohl ja 8000 Menschen sangen, wurde es ganz still um mich herum (für meine Ohren) und ich sprach mein Gebet. "Herr ich möchte bitte, das Herz Jesu haben". Als ich dies gebetet hatte, bekam ich eine Art übernatürlicher Vision. Jesus fragte mich, ob ich wisse, was dies bedeutet. Ehrlich wie ich bin, antwortete ich ihm mit "Nein."

Da erklärte er mir. Es bedeutet sehr großen, unendlichen Schmerz, wenn die Seele eines Menschen verloren geht. Bei jedem Menschen, der gerettet wird, unglaubliche, überschäumende große Freude.
Jesus fragte mich, ob ich das wirklich will. Da ich es wirklich will, sagte ich natürlich: "Ja"
Wichtig:
Du bist Gott nicht egal. Sogar unsere Haare sind gezählt.
Lukas 12 Vs 7 Aber auch die Haare auf eurem Haupt sind alle gezählt. Darum fürchtet euch nicht; ihr seid besser denn viele Sperlinge. Er (Gott) interessiert sich für DICH.

Im Gleichnis vom verlorenen Sohn lesen wir, dass Gott jeden Tag Ausschau nach dir hält.

Mehr noch, wenn du dich in seine Richtung bewegst, wird er dir entgegen rennen.
Lukas 15 Vs20: Der Vater sah ihn schon von weitem kommen und er hatte Mitleid mit ihm. Er lief dem Sohn entgegen, fiel ihm um den Hals und küsste ihn.

Verstehst du? Er küsste ihn!
Das ist das HERZ GOTTES, Liebe, Liebe und nochmals Liebe!

Ich wünschte, ich könnte Dir diese Liebe erklären. Sie ist dermaßen überwältigend, dass es kein beschreibbares Wort gibt.
Selbst das Wort Liebe scheint fahl zu sein, denn wie oft wurde dieses Wort im Umgang mit Menschen oder in Liedern missbraucht.
Ihn kümmert es. Mehr noch, ihn bekümmert es, wenn du ohne ihn lebst.

Vielleicht denkst du jetzt: "Na und? Was kümmert mich das?" Ich kann dir versprechen, dass es IHN kümmert. Du bist Gott nicht egal.
Ich bin durch viel Schmerz und Leid gegangen. Eines weiß ich, dass ich NIEMALS die Gemeinschaft, diese innige Liebesbeziehung, die er zu mir hat und ich zu ihm, gegen ein Leben ohne IHN eintauschen würde. Denn so sehr mich Menschen immer wieder enttäuschen, Jesus niemals!

Talente

Wir Christen, sind uns sicher bewusst, dass Talente von Gott kommen.

Jedes Talent ist dir von Gott gegeben und soll zu SEINER Ehre eingesetzt werden.

Tun wir das, immer und ausschließlich?

Jesus, selbst erzählt in einem Gleichnis von der Verwaltung der Talente.

Lukas 19, 12- 26
12 Und er sprach: Ein Fürst zog in ein fernes Land, um ein Königtum zu erlangen und dann zurückzukommen. 13 Der ließ zehn seiner Knechte rufen und gab ihnen zehn Pfund und sprach zu ihnen: Handelt damit, bis ich wiederkomme! 14 Seine Bürger aber waren ihm Feind und schickten eine Gesandtschaft hinter ihm her und ließen sagen: Wir wollen nicht, dass dieser über uns herrsche. 15 Und es begab sich, als er wiederkam, nachdem er das Königtum erlangt hatte, da ließ er die Knechte rufen, denen er das Geld gegeben hatte, um zu erfahren, was ein jeder erhandelt hätte. 16 Da trat der erste herzu und sprach: Herr, dein Pfund hat zehn Pfund eingebracht. 17 Und er sprach zu ihm: Recht so, du tüchtiger Knecht; weil du im Geringsten treu gewesen bist, sollst du Macht haben über zehn Städte. 18 Der zweite kam auch und sprach: Herr, dein Pfund hat fünf Pfund erbracht. 19 Zu dem sprach er auch: Und du sollst über fünf Städte sein. 20 Und der dritte kam und sprach: Herr, siehe, hier ist dein Pfund, das ich in einem Tuch verwahrt habe; 21 denn ich fürchtete mich vor dir, weil du ein harter Mann bist; du nimmst, was du nicht angelegt hast, und erntest, was du nicht gesät hast. 22 Er sprach zu ihm: Mit deinen eigenen Worten richte ich dich, du böser Knecht. Wusstest du, dass ich ein harter Mann bin, nehme, was ich nicht angelegt habe, und ernte, was ich nicht gesät habe: 23 warum hast du dann

mein Geld nicht zur Bank gebracht? Und wenn ich zurückgekommen wäre, hätte ich's mit Zinsen eingefordert. 24 Und er sprach zu denen, die dabeistanden: Nehmt das Pfund von ihm und gebt's dem, der zehn Pfund hat. 25 Und sie sprachen zu ihm: Herr, er hat doch schon zehn Pfund. 26 Ich sage euch aber: Wer da hat, dem wird gegeben werden; von dem aber, der nicht hat, wird auch das genommen werden, was er hat.

Ist uns bewusst, dass auch die Gaben des Heiligen Geistes Talente sind?

Gott gab uns diese NICHT, damit jemand sagt „Boah ist der toll, wenn der betet dann passiert was."

Gott gab uns Talente um zu seiner Herrlichkkeit bei zu tragen.

Um SEIN Reich mitzubauen.

Es gibt viele Gemeinden, die dies leben, und die Talente gut verwalten.

Das wird durch Wachstum der Gemeinden sichtbar.

Doch es gibt auch die anderen, die sagen „Das passiert alles nicht mehr!"

Diejenigen die vom Schwarmgeist sprechen.

Sie haben Angst, wie der dritte Verwalter, vor Gott dem Richter!

Sie behaupten von sich, demütig zu sein, und sprechen davon, dass Gott der König ist und wir heilig sein sollen.

Ja Gott ist KÖNIG und wir sind seine Kinder.

Gott segnet unsere Talente, wenn wir sie zu SEINER Ehre einsetzen.

Wie schmutzig sind wir?

Gestern war ich in einer kleinen Hausgemeinde, in der sich Menschen aus verschiedenen Denominationen treffen.

Das Thema war die Fußwaschung.

Johannes 13

1 Vor dem Passafest aber erkannte Jesus, dass seine Stunde gekommen war, dass er aus dieser Welt ginge zum Vater; und wie er die Seinen geliebt hatte, die in der Welt waren, so liebte er sie bis ans Ende. 2 Und beim Abendessen, als schon der Teufel dem Judas, Simons Sohn, dem Iskariot, ins Herz gegeben hatte, ihn zu verraten, 3 Jesus aber wusste, dass ihm der Vater alles in seine Hände gegeben hatte und dass er von Gott gekommen war und zu Gott ging, 4 da stand er vom Mahl auf, legte sein Obergewand ab und nahm einen Schurz und umgürtete sich. 5 Danach goss er Wasser in ein Becken, fing an, den Jüngern die Füße zu waschen, und trocknete sie mit dem Schurz, mit dem er umgürtet war. 6 Da kam er zu Simon Petrus; der sprach zu ihm: Herr, solltest du mir die Füße waschen? 7 Jesus antwortete und sprach zu ihm: Was ich tue, das verstehst du jetzt nicht; du wirst es aber hernach erfahren. 8 Da sprach Petrus zu ihm: Nimmermehr sollst du mir die Füße waschen! Jesus antwortete ihm: Wenn ich dich nicht wasche, so hast du kein Teil an mir. 9 Spricht zu ihm Simon Petrus: Herr, nicht die Füße allein, sondern auch die Hände und das Haupt! 10 Spricht Jesus zu ihm: Wer gewaschen ist, bedarf nichts, als dass ihm die Füße gewaschen werden; denn er ist ganz rein. Und ihr seid rein, aber nicht alle. 11 Denn er kannte seinen Verräter; darum sprach er: Ihr seid nicht alle rein. 12 Als er nun ihre Füße gewaschen hatte, nahm er seine Kleider und setzte sich wieder nieder und sprach zu ihnen: Wisst ihr, was ich euch getan habe? 13 Ihr nennt mich Meister und Herr und sagt es mit Recht, denn ich bin's auch. 14 Wenn nun ich, euer Herr und Meister, euch die Füße gewaschen habe, so sollt auch ihr euch untereinander die Füße waschen. 15 Ein Beispiel habe ich euch gegeben, damit ihr tut, wie ich euch getan habe. 16 Wahrlich, wahrlich, ich sage euch: Der Knecht ist nicht größer als sein Herr und der Apostel nicht größer als der, der ihn gesandt hat. 17 Wenn ihr dies wisst - selig seid ihr, wenn ihr's tut. 18 Das sage ich nicht von euch allen; ich weiß, welche ich erwählt habe. Aber es muss die Schrift erfüllt werden (Psalm 41,10): »Der mein Brot isst, tritt mich mit Füßen.« 19 Jetzt sage ich's euch, ehe es geschieht, damit ihr, wenn es geschehen ist, glaubt, dass ich es bin. 20 Wahrlich, wahrlich, ich sage euch: Wer jemanden aufnimmt, den ich senden werde, der nimmt mich auf; wer aber mich aufnimmt, der nimmt den auf, der mich gesandt hat.

Zuerst wollte Petrus nicht, dass Jesus ihm die Füße wäscht.
Als aber Jesus, zu ihm sagte, dass er dann nicht zu ihm gehören könne, wollte Petrus noch mehr gewaschen werden.
Jesus, aber erklärte ihm, dass dies nicht nötig sei. Weil er gewaschen sei.

Auch gab Jesus dadurch ein Beispiel dem wir folgen sollen.
Dies ist sowohl aktiv gemeint, dass wir einander Hilfdienste leisten, doch auch im geistlichen Sinne.

Wenn DU Jesus als deinen Herrn angenommen hast, an ihn glaubst und das bekennst, bist DU rein.

Das Blut Jesu wäscht dich vollständig rein.

Allerdings, geht's du ja durchs Leben und dadurch beschmutzt du dich immer wieder.

Keiner von uns ist vollkommen. Jeder von uns sündigt.

So müssen unsere „Füße" immer wieder gewaschen werden.

1. Johannes 5, 16- 17
Wenn jemand seinen Bruder sündigen sieht, eine Sünde nicht zum Tod, soll er bitten, und er wird ihm das Leben geben, denen, die nicht zum Tod sündigen. Es gibt Sünde zum Tod; nicht im Hinblick

auf sie sage ich, dass er bitten solle. 17 Jede Ungerechtigkeit ist Sünde; und es gibt Sünde, die nicht zum Tod ist.

Auch das ist Fußwaschung.
Lasst uns füreinander einstehen und bereit sein die Füße unserer Geschwister zu waschen.
Aber auch bereit sein, uns die Füße waschen zu lassen.

Züchtigt der Herr, noch heute?

Es gab eine Zeit, in der ich ohne Gemeinde war.
Der Grund dafür, war die Flucht vor häuslicher Gewalt.
Damals ging es mir sehr schlecht, und ich war über 830 km von meiner Gemeinde entfernt.
Und an meinem neuen Wohnort fand ich erst mal keine Gemeinschaft.
Mein Vertrauen in Menschen, war (zu diesem Zeitpunkt) gänzlich zerstört.
Immer wieder, wollte ich aufstehen und mir eine Gemeinschaft suchen, aber ich hörte, in meiner Gebetszeit immer nur „Bleib auf dem Krankenbett"
Dann, nach 8 Jahren war ich in der Stadt unterwegs.
Auf dem Weg in die Altstadt komme ich immer an einem Fahrradgeschäft vorbei, dort stand ein rotes Fahrrad für 139,- Euro.
Auf dem Rückweg, hatte ich den Eindruck, dass mir Gott sagte „Geh in die Gemeinde."
Ich wusste um welche Gemeinde es sich handelte.
Diese Gemeinde war 25- 30 Minuten von meiner Wohnung entfernt. Ich bat Gott mir ein Zeichen zu geben.
Ich bat um ein Fahrrad, das nicht mehr als 100,- Euro kostet.
Als ich wieder zu dem Fahrradladen kam, war das Fahrrad, das vorher 139,- Euro gekostet hat auf 99,- Euro reduziert.
Wow, dachte ich, ging zur Bank hob 100,- Euro ab und kaufte das Fahrrad.

Dann ging ich 2-4 Mal in die Gemeinde und blieb dann wieder zuhause.

Dann begannen auf einmal Probleme zuhause, in meiner zweiten Ehe.
Mein Mann wollte, dass ich zu einer Freundin fahre für ein paar Wochen.
Sehr verletzt und völlig verzweifelt, flehte ich Gott um Hilfe an.
Er schickte mir (da gibt es keinerlei Zweifel Carola).
Sie bot an mich aufzunehmen und o fuhr ich mit dem Zug, mit dem Quer durchs Land Ticket 630 km nach Bonn.

Im Gebet, hatte ich wahrgenommen, dass ich nur (außer natürlich meinen Kleidern) die Bibel und einen Schreibblock mitnehmen sollte und ein Stift.

Während dieser Fahrt, betete ich.
Und erwartete Trost.
Doch zuerst kam wirklich der Zorn Gottes über mich.
Er zeigte mir ALLES, was ich NICHT getan hatte, obwohl er es mir deutlich gezeigt hatte.

Das ich obwohl er mir das Fahrrad gegeben hatte, nicht in den Gottesdienst gegangen bin.
Und vieles, vieles mehr.

Noch nie hatte ich so eine Angst, aus der Gnade gefallen zu sein.
Gott zeigte mir, dass er will das ich mich komplett ändere.

Da saß ich nun, hilflos und verzweifelt. Erkennend, dass ich gar nichts tun könne um diese Änderungen meines Charakters vorzunehmen.
Absolut nichts.
In dem gleichen Augenblick begriff ich, dass es nur durch den Heiligen Geist geschieht.
Es führte mich in die vollständige (hoffe ich doch) Kapitulation.

Erst als ich an diesem Punkt war, erbarmte sich Gott und gab mir diese Bibelstelle.

Jeremia 30, 10- 17

10 Darum fürchte du dich nicht, mein Knecht Jakob, spricht der HERR, und entsetze dich nicht, Israel. Denn siehe, ich will dich erretten aus fernen Landen und deine Nachkommen aus dem Lande ihrer Gefangenschaft, dass Jakob zurückkehren soll und in Frieden und Sicherheit leben, und niemand soll ihn schrecken. 11 Denn ich bin bei dir, spricht der HERR, dass ich dir helfe. Denn ich will mit allen Völkern ein Ende machen, unter die ich dich zerstreut habe; aber mit dir will ich nicht ein Ende machen. Ich will dich mit Maßen züchtigen, doch ungestraft kann ich dich nicht lassen. 12 Denn so spricht der HERR: Dein Schaden ist verzweifelt böse, und deine Wunden sind unheilbar. 13 Deine Sache führt niemand; da ist keiner, der dich verbindet, es kann dich niemand heilen. 14 Alle deine Liebhaber vergessen dich, fragen nichts nach dir. Ich habe dich geschlagen wie einen Feind mit unbarmherziger Züchtigung um deiner großen Schuld und um deiner vielen Sünden willen. 15 Was schreist du über deinen Schaden und über dein verzweifelt böses Leiden? Habe ich dir doch solches getan um deiner großen Schuld und um deiner vielen Sünden willen. 16 Doch alle, die dich gefressen haben, sollen gefressen werden, und alle, die dich geängstigt haben, sollen alle gefangen weggeführt werden; und die dich beraubt haben, sollen beraubt werden, und alle, die dich geplündert haben, sollen geplündert werden. 17 Aber dich will ich wieder gesund machen und deine Wunden heilen, spricht der HERR, weil man dich nennt: »die Verstoßene« und: »Zion, nach der niemand fragt«.

So züchtigte mich der Herr, und ich bin sehr dankbar dafür.
Er brachte mich völlig neu auf Kurs.

Als ich nach 4.5 Wochen wieder zurück nach Hause kam, hatte Gott viele Türen geöffnet.
Ich bekam direkt einen Hauskreis, und viel Gemeinschaft.
So habe ich nun eine Gemeinde, Kontakt zu einer kleinen Hausgemeinschaft, einen Hauskreis, und vieles mehr.

Das Wichtigste ist jedoch, immer und immer mehr in der Liebe und der Gemeinschaft mit Gott zu sein und zu bleiben.
So kann ich nun wirklich sagen, nicht mehr ich lebe, sondern Christus in mir.

So schrieb ich das Buch „Gradzelaet! Jetzt erst Recht!", weil Gott mir dies so auftrug in sechs Tagen, und begann zu bloggen.

Und je mehr ich SEINEN Willen tue um so mehr verwandelt er mich.

ER und nur ER gibt mir Freude die täglich zunimmt. ER und nur ER gibt mir inneren Frieden.
Mehr und mehr Liebe zu meinen Nächsten. Und er nahm mir die Angst.

Ja der Herr züchtigt auch heute noch Gott sei Dank.

Sozo Gebet.

Immer wieder hatte ich Phasen, in denen ich mutlos wurde.
Mein größtes Problem war, dass ich nicht vollständig vertrauen konnte.
In der Bibel steht, dass man vertrauen und Glauben haben soll. Das funktionierte bei mir einfach nicht, trotz des Reden Gottes.
Jedenfalls nicht in dem Maß, in dem ich es von mir erwartete. Fiel ich in eine Depression.
Ich dachte, dass Gott mich nicht will, wenn ich nicht „perfekt" bin.
Machte den gleichen Denkfehler, wie so viele andere Christen.
Mein Gemeindeleiter wusste nicht, wie er mir helfen konnte.
Es gab bei uns in der christlichen Gemeinde, jedoch ein SOZO-Gebetsteam.

Was ist SOZO Gebet?

SOZO Gebet, kurz gesagt: Sozo ist ein prophetischer Dienst für innere Heilung und Freisetzung von Gebundenheiten.
Durch Sozo werden die Wurzeln identifiziert, die eine Beziehung und Kommunikation mit dem Vater, dem Sohn und dem Heiligen Geist verhindern.
Eine Frau namens Nora holte mich abends ab. Da ich im Dunkeln kein Auto fahren kann.

In der Gemeinde wartete schon die zweite Beterin, Anna Louisa auf uns, die an diesem SOZO Gebet teilnahm.
Zuerst sangen wir ein paar Lieder, dann beteten wir.
Normalerweise zeigt Gott demjenigen, der SOZO empfängt, die Dinge, an denen er arbeiten will.
In meinem Fall aber machte Gott dies anders. Er gab Nora zwei Visionen. Sie erschrak bei einer dieser Visionen. Nora fragte ob sie diese Visionen erzählen soll. Natürlich stimmte ich zu. Ich rechnete ja sowieso mit dem Schlimmsten.
Sie begann also ihre erste Vision zu erzählen. Sie hätte eine junge Frau und ein kleines Waldstück gesehen. Diese Frau hing mit einem Strick an einem Baum.

Anna Louisa machte große Augen. Aber mich riss es fast vom Stuhl. Was weder Anna Louisa noch Nora wisse konnte, als ich 14 Jahre alt war, bin ich von meiner ersten großen Liebe tatsächlich aufgehängt worden.
Gott hatte tatsächlich eine Wurzel aufgedeckt.

Noras zweite Vision war einfach „nur" ein Reh, dass sich nach allen Seiten absichert, bevor es eine Lichtung betritt.

Anna Louisa erklärte mir, dass ich wie dieses Reh bin.
Ich war vollkommen überwältigt, dass Gott diese Sache, von der niemand wusste, hochgeholt hat. Was mich am meisten überwältigte, dass mir Gott dadurch zeigte, dass er mich niemals allein gelassen hat.
Auch von diesem Trauma wurde ich an diesem Abend geheilt.

Müssen wirklich die Steine zu schreien?

Immer wieder, diskutieren Christen darüber, ob man reden soll oder durch Taten, den Glauben an Christus weiter geben soll.
Nicht jeder ist zur Straßenevangelisation berufen. Dennoch hat man immer mal Gelegenheit mit Bekannten, Arbeitskollegen zu sprechen.
Davon jedoch schreibe ich heute nicht.
Worum es mir heute geht. Ist, dass viele Christen sich anmaßen, anderen den Mund zu verbieten.

Da wird gestritten, wenn jemand in Facebook etwas postet, weil der Mensch, der es gesagt hat nicht in das Bild passt. Das der Kritiker, in seinem Kopf hat.

Das ist Pharisäertum.

Genauso, haben sich die Schriftgelehrten verhalten.

Als Jesus nach Jerusalem ritt geschah folgendes:

Lukas 19, 36- 40

36 Während er aber hinzog, breiteten sie ihre Kleider aus auf den Weg. 37 Und als er sich schon dem Abhang des Ölbergs näherte, fing die ganze Menge der Jünger an, mit lauter Stimme freudig Gott zu loben über alle die Wunderwerke, die sie gesehen hatten, 38 und sie sagten: "Gepriesen sei der König, der da kommt im Namen des Herrn!" Friede im Himmel und Herrlichkeit in der Höhe! 39 Und einige der Pharisäer aus der Volksmenge sprachen zu ihm: Lehrer, weise deine Jünger zurecht! 40 **Und er antwortete und sprach zu ihnen: Ich sage euch, wenn diese schweigen, so werden die Steine schreien.**

Es ist völlig egal wer das Evangelium verkündigt.
Hauptsache es wird verkündigt.

An der Liebe untereinander wird die Welt euch erkennen,

Johannes 13, 34 – 35

34 Ein neues Gebot gebe ich euch, dass ihr euch untereinander liebt, wie ich euch geliebt habe, damit auch ihr einander lieb habt.
35 Daran wird jedermann erkennen, dass ihr meine Jünger seid, wenn ihr Liebe untereinander habt.
Macht euch Mal klar, dass ihr dem Feind den Weg frei macht, wenn ihr nicht endlich begreift.
Das Jeder, der bekennt, dass Jesus Christus Gott ist und Mensch geworden ist vom Geist Gottes ist.

1. Johannes 4, 1- 3
   Geliebte, glaubt nicht jedem Geist, sondern prüft die Geister, ob sie aus Gott sind! Denn viele falsche Propheten sind in die Welt hinausgegangen. 2 Hieran erkennt ihr den Geist Gottes: Jeder Geist, der Jesus Christus, im Fleisch gekommen, bekennt, ist aus Gott; 3 und jeder Geist, der nicht Jesus bekennt, ist nicht aus Gott; und dies ist der Geist des Antichrists, von dem ihr gehört habt, dass er komme, und jetzt ist er schon in der Welt.

Jeder, der also die Wahrheit ausspricht und wenn es ausnahmsweise mal die BILD- Zeitung wäre,
handelt in diesem Moment nach dem Willen Gottes.

Jeder überprüfe selbst seine Haltungen, gegenüber anderen Gläubigen.

Aber bitte, lasst zu, dass sie reden.
Damit nicht die Steine schreien müssen.
Seid gesegnet
Daniela

Tag der deutschen Einheit

Jeder weiß, dass der 3. Oktober der Tag der Deutschen Einheit ist.

Viele Menschen wissen auch, wie es dazu kam.

Das die Menschenzüge, die „Wir sind das Volk" riefen sich vorher in den Kirchen getroffen haben, wissen auch einige.

Aber ist uns bewusst, dass es auch biblisch belegt ist?

Der eigentliche Mauerfall, fand am 09. November 1989 statt.

Wusstet ihr, dass es in der Bibel eine Stelle für einen General-Schuldenerlass gibt?

Im 3. Mose Kapitel 25 lesen wir folgendes

Sabbath- und Jobeljahr

8 Und du sollst dir sieben Sabbatjahre zählen, siebenmal sieben Jahre, so dass die Tage von sieben Sabbatjahren dir 49 Jahre ausmachen.
9 Und du sollst im siebten Monat, am Zehnten des Monats, ein Lärmhorn erschallen lassen; an dem Versöhnungstag sollt ihr ein Horn durch euer ganzes Land erschallen lassen.
10 *Und ihr sollt das Jahr des fünfzigsten Jahres heiligen, und sollt im Land Freilassung für all seine Bewohner ausrufen. Ein Jobeljahr soll es euch sein, und ihr werdet jeder wieder zu seinem Eigentum kommen und jeder zu seiner Sippe zurückkehren.*

Was hat, das nun mit dem Mauerfall zu tun?

Am 09. November 1938, genaugenommen also 51 Jahre vorher war ein anderes Ereignis in Deutschland Tages oder Nachtgespräch. Ich spreche von der Reichskristallnacht.

Deutschland beging eine schlimme Sünde, gegen das Volk Israel.
Doch Gott, war gnädig und vergab unserem Volk das.
Darum fiel genau auf dieses Datum der Mauerfall. 51 Jahre danach.
Auch wenn es, erst im 51. Jahr geschah, glaube ich nicht an einen Zufall.
Danke Vater im Himmel, dass du unserem Volk vergabst und dafür sorgtest, dass wie wieder EIN Volk sind. In Jesu Namen Amen

Schräge Vögel? - Wie gnädig ist unser Gott!

Schon in Psalm 1, steht das wir Tag und Nacht über das Wort Gottes nachdenken sollen. Christsein ohne Bibel zu lesen, ist wie kochen ohne Töpfe.

Doch das wichtigste ist, dass man beim Bibel lesen sich vom Heiligen Geist leiten lässt.

Wann wird es schräg?

Verschiedene Gespräche, die ich hatte veranlassen mich heute zu diesem Blog.

Da ist eine sehr geplagte Frau, die versucht gehorsam zu sein.

Bei Fragen, die Bibel aufschlägt und sich manchmal wundert, warum es mal so und mal so heißt

Oh, sie brennt für Jesus und will Gehorsam sein.

Zum einen ist die Bibel in der Tat auch eine Gebrauchsanweisung, aber eine die nur zusammen mit dem Heiligen Geist verstanden werden kann.

Wer glaubt, bei jeder Frage, mal dieses Buch aufschlagen zu müssen, ist NICHT frei.

Es ist gefährlich, und man führt, wenn auch unbeabsichtigt, Gott in Versuchung.

Der Teufel, benutzt so was gern um Menschen vollends in Verwirrung zu halten.

Diese Schwester ist verheiratet und ihr Mann ist genauso unfrei wie sie selbst.

Das ist kein Problem für Jesus.

Ein Problem entsteht an der Stelle wo sie ihre falsche Verhaltensweise auf ihn abwälzt.

Er ist Raucher: Ihrer Aussage nach kann also das Wort nicht durch ihn verkündigt werden, sie bezeichnet ihn als lau und er lebt nicht so wie sie es gern hätte.
Sie hätte biblisch im Gehorsam gelebt, wird jedoch immer aggressiver.
Sie schreit ihren Mann an, wird laut eigener Aussage zur Furie und schlägt ihn, auf dem Weg zum Gottesdienst.
Worauf er erst mal das Weite sucht.
Im Gottesdienst sagt ihr Gott, dass sie sich versöhnen soll. Dies tut sie und sie gehen gemeinsam in den Gottesdienst.
Doch immer wieder, wird sie zur Furie und sagt ihr Mann wäre nicht im Willen Gottes.

Beide also Mann und Frau sind noch nicht in allen Bereichen frei. Es ist erschütternd.

Gott liebt BEIDE, und Veränderung geschieht nur durch den Heiligen Geist.

Solange sie sagt, ich muss doch meinen Mann retten, oder mein

Mann wir durch mich gerettet liegt sie meilenweit daneben.

Sündenerkenntnis, wirkliche Sündenerkenntnis führt zum Zusammenbruch und Zerbruch.
Da ist sie noch nicht angekommen, aber auch da wird Gott selbst sie hinbringen.

Ein anderer Bruder hatte Fragen an mich.

Mir wurden drei Fragen von ihm gestellt, die ein Christ normalerweise nicht fragt.

1. Wie weit würdest du für deinen Glauben gehen. Würdest du sterben für ihn?
Diese Frage wird sich erst beantworten lassen, wenn man wirklich in der entsprechenden Situation ist. Momentan würde ich wie Petrus antworten.

2. Wenn jemand sagen würde, hör auf zu glauben oder ich erschieße deinen Mann, was würdest du tun?
Auch hier können wir das erst beantworten wenn so was passiert, aber auch hier sage ich, dass ich Jesus nicht verlassen will.
Daraufhin meinte der Fragensteller: dass ich dann verantwortlich wäre wenn mein Nächster stirbt.

Jesus sagt aber folgende Dinge: In Matthäus 10 : 32 Wer nun mich bekennet vor den Menschen, den will ich bekennen vor meinem himmlischen Vater. 33 Wer mich aber verleugnet vor den Menschen, den will ich auch verleugnen vor meinem himmlischen Vater.

34 Ihr sollt nicht wähnen, daß ich gekommen sei, Frieden zu senden auf die Erde. Ich bin nicht gekommen, Frieden zu senden, sondern das Schwert. 35 Denn ich bin gekommen, den Menschen zu erregen gegen seinen Vater und die Tochter gegen ihre Mutter und die Schwiegertochter gegen ihre Schwiegermutter. 36 Und des Menschen Feinde werden seine eigenen Hausgenossen sein.
37 Wer Vater oder Mutter mehr liebt denn mich, der ist mein nicht

wert; und wer Sohn oder Tochter mehr liebt denn mich, der ist mein nicht wert. 38 Und wer nicht sein Kreuz auf sich nimmt und folgt mir nach, der ist mein nicht wert. 39 Wer sein Leben findet, der wird's verlieren; und wer sein Leben verliert um meinetwillen, der wird's finden.

Die 3. Frage war Ob ich für meinen Glauben töten würde.
Ich sagte "Nein, denn Jesus sagte, dass wir unsere Feinde lieben sollen.
Der andere meinte dann, dass er, töten würde und in diesem Punkt, der Bibel widerspricht, aber Gott das Akzeptieren würde.

Jesus sagt ganz klar:
Matthäus 5: 38 Ihr habt gehört, daß da gesagt ist: "Auge um Auge, Zahn um Zahn." 39 Ich aber sage euch, daß ihr nicht widerstreben sollt dem Übel; sondern, so dir jemand einen Streich gibt auf deinen rechten Backen, dem biete den andern auch dar. 40 Und so jemand mit dir rechten will und deinen Rock nehmen, dem laß auch den Mantel. 41 Und so dich jemand nötigt eine Meile, so gehe mit ihm zwei. 42 Gib dem, der dich bittet, und wende dich nicht von dem, der dir abborgen will.
43 Ihr habt gehört, daß gesagt ist: "Du sollst deinen Nächsten lieben und deinen Feind hassen." 44 Ich aber sage euch: Liebet eure Feinde; segnet, die euch fluchen; tut wohl denen, die euch hassen; bittet für die, so euch beleidigen und verfolgen, 45 auf daß ihr Kinder seid eures Vater im Himmel; denn er läßt seine Sonne aufgehen über die Bösen und über die Guten und läßt regnen über Gerechte und Ungerechte. 46 Denn so ihr liebet, die euch lieben, was werdet ihr für Lohn haben? Tun nicht dasselbe auch die Zöllner? 47 Und so ihr euch nur zu euren Brüdern freundlich tut, was tut ihr Sonderliches? Tun nicht die Zöllner auch also? 48 Darum sollt ihr vollkommen sein, gleichwie euer Vater im Himmel vollkommen ist.

Gott versteht sicher, wenn jemand Probleme hat und wenn wir wirklich offen sind und uns ihm ganz hingeben verändert er uns.

Auch ich war schräg:

Auch ich versuchte phasenweise, durch Werksgerechtigkeit etwas zu meiner Erlösung/ Errettung hinzufügen zu wollen.

Bitterkeit, Ungerechtigkeit und Lieblosigkeit nahm zu.

Dann kam, wie ich es im Blog Züchtigung geschrieben habe der Zerbruch.

Mein Verdienst? NIEMALS!
Es war reine Gnade und das, weil mich Gott so zärtlich liebt.

Was also könnte ich ihm bringen?
Nur mich selbst, in der ganzen Schwachheit. ER will mein Herz mein ganzes Herz.

Er will Beziehung, direkte und persönliche Beziehung.

SEIN Heiliger Geist verändert uns.

Damit keiner sich von uns rühmen kann.

Halleluja.

Was Glauben wir? Oder wie ist das eigentlich konkret?

Bekennst du, dass Jesus Christus der Herr ist, am Kreuz gestorben ist für Dich?
Bekennst du, dass Jesus Christus von Gott von den Toten auferweckt wurde?

Ja?

Dann bist DU gerettet!

Römer 10, 9
dass, wenn du mit deinem Mund Jesus als Herrn bekennen und in deinem Herzen glauben wirst, dass Gott ihn aus den Toten auferweckt hat, du gerettet werden wirst.

Kannst du aus dir selbst glauben?

Nein, auch das ist Gnade!

Epheser 2, 8
Denn aus Gnade seid ihr gerettet durch Glauben, und das nicht aus euch, Gottes Gabe ist es;

Du bist also gerettet, Halleluja!

Nicht etwa, weil du so klug wärst.
Nein selbst unsere Bekehrung ist Gnade.

Alles was du, tun musstest ist „Ja," sagen.

Du hast „Ja." gesagt? Halleluja!
Na dann: Freue dich, freue dich und abermals sage ich dir freue dich.

Philipper 4, 4
Freut euch im Herrn allezeit! Wiederum will ich sagen: Freut euch!

1. Thessalnicher 5, 16
Freut euch allezeit!

Du hast Grund zur Freude, denn du bist gerettet!

Wie?

Deine Lebensumstände sind schwierig?

Ach, du hast Schwierigkeiten in deinem Leben?

Keiner hört auf dich?

Aha ok verstehe.

Gott ist nicht so groß und mächtig, um deine Lebensumstände zu ändern.

Hm ah ja verstehe, Gott hat zwar die Macht und die Kraft gehabt, Jesus von den Toten aufzuerwecken, aber für deine schwierige Ehe, deine Krankheit, deinen Arbeitsplatz hat er keine Kraft mehr.

Ui, danke dass du mir gerade sagst, dass ich Blödsinn erzähle.

Natürlich hat Gott, ALLE Macht.

Die reicht nicht nur für deine Lebensumstände die reicht für unser alle Lebensumstände, Krankheiten, Lebensumstände und, und, und.

Lass uns mal über Glauben reden.

Glaubst du?

Ja, das hatten wir ja oben schon besprochen.

Gut du bist gerettet.

Doch jetzt frage ich nach dem Glauben der dein Leben betrifft.

Hast du glauben dass der allmächtige Gott, sich für deine Lebensumstände interessiert und einen Plan hat für dich?

Matthäus 10, 10
Bei euch aber sind selbst die Haare des Hauptes alle gezählt.

Lukas 12, 7

Aber selbst die Haare eures Hauptes sind alle gezählt. Fürchtet euch nicht! Ihr seid mehr als viele Sperlinge.

Ich kenne die Anzahl meiner Haare nicht, du etwa?

Aber Gott kennt die Zahl, weil DU ihm wichtig bist.

Vertraust du ihm?

Matthäus 17, 20
Er aber spricht zu ihnen: Wegen eures Kleinglaubens; denn wahrlich, ich sage euch, wenn ihr Glauben habt wie ein Senfkorn, so werdet ihr zu diesem Berg sagen: Hebe dich weg von hier dorthin!, und er wird sich hinwegheben. Und nichts wird euch unmöglich sein.

Lukas 17, 6
Der Herr aber sprach: Wenn ihr Glauben habt wie ein Senfkorn, so würdet ihr zu diesem Maulbeerfeigenbaum sagen: Entwurzele dich und pflanze dich ins Meer! Und er würde euch gehorchen.

Halt stop, sei doch nicht verzweifelt, weil dein Glaube noch so klein ist.

Glaube wächst aus Vertrauen.

Vertrauen wächst aus der Beziehung und die Gemeinschaft mit dem Heiligen Geist.

Wo das steht?

Johannes 14, 26
Der Beistand aber, der Heilige Geist, den der Vater senden wird in meinem Namen, der wird euch alles lehren und euch an alles erinnern, was ich euch gesagt habe.

Johannes 15, 26
Wenn der Beistand gekommen ist, den ich euch von dem Vater

senden werde, der Geist der Wahrheit, der von dem Vater ausgeht, so wird der von mir zeugen.

Der Heilige Geist wird als Tröster, als Beistand und als Lehrer bezeichnet.

Er also tröstet dich, vertritt dich mit unaussprechlichen Seufzen vor Gott.

Römer 8, 26
Ebenso aber nimmt auch der Geist sich unserer Schwachheit an; denn wir wissen nicht, was wir bitten sollen, wie es sich gebührt, aber der Geist selbst verwendet sich für uns in unaussprechlichen Seufzern.

Er steht dir bei und er ist dein Lehrer.

Johannes 14, 26
Der Beistand aber, der Heilige Geist, den der Vater senden wird in meinem Namen, der wird euch alles lehren und euch an alles erinnern, was ich euch gesagt habe.

Was du tun sollst?

Nimm dir Zeit, für ihn. Lies die Bibel nicht ohne Ihn.

Das geht nicht?

Oh doch leider geht das,
2. Korinther 3, 6
der uns auch tüchtig gemacht hat zu Dienern des neuen Bundes, nicht des Buchstabens, sondern des Geistes. Denn der Buchstabe tötet, aber der Geist macht lebendig.

Wie du siehst, kann man den Buchstaben folgen, dann wird und ist alles Krampf und Kampf.

Römer 7, 6

Nun aber sind wir vom Gesetz frei geworden und ihm abgestorben, das uns gefangen hielt, sodass wir dienen im neuen Wesen des Geistes und nicht im alten Wesen des Buchstabens.

Das bedeutet NICHT, sündige fleißig weiter.
Aber du erwartest doch von einem 1. Klässler auch nicht, dass er dir nach dem Satz des Pythagoras dir die Summe der Hypotenuse nennt?

Ach schön, jetzt lachst du doch.

Wie du bist schon in der 10. Klasse?

Woher weißt du das, so genau?

In einer normalen Schule, verbringen wir viele Stunden und sind mehr oder weniger erfreut den Belehrungen des Lehrers ausgesetzt.

Wie viel Zeit nimmst du dir für die persönliche Beziehung zu Gott?

Ah du stellst dir den Wecker? Bei jeder Frage die du hast, schlägst du die Bibel einfach auf?

Nun technisch scheinst du es ja drauf zu haben, manche Leute legen sich ja auch ihr Mathebuch unters Kopfkissen.

Andere die Bibel.

Es ist sicher nicht verkehrt, in Ausnahmesituationen, die Bibel aufzuschlagen.

Aber dies sollte so nicht zur Gewohnheit werden.

Meine Erfahrung ist, dass Gott mit mir spricht.

Was er mir sagt finde ich später tatsächlich in meiner Bibel.

Es geht nicht um ein Buch, sondern um die persönliche Beziehung.

Daraus wächst Vertrauen.

Apostelgeschichte 14, 3
Dennoch blieben sie eine lange Zeit dort und lehrten frei und offen im Vertrauen auf den Herrn, der das Wort seiner Gnade bezeugte und ließ Zeichen und Wunder geschehen durch ihre Hände.

2. Korinther 1, 9
und es bei uns selbst für beschlossen hielten, wir müssten sterben. Das geschah aber, damit wir unser Vertrauen nicht auf uns selbst setzten, sondern auf Gott, der die Toten auferweckt,

So und nun sind wir am Ende unseres Gesprächs.

Nimm dir Zeit, pflege die Beziehung, daraus wächst Vertrauen, daraus wächst Glaube.

Dann können die Stürme kommen doch du weißt, das du sicher bist in der Hand deines Vaters.

Was bedeutet das Wort Buße?

Einfach zu beantworten Umkehren.
Wenn ich in die falsche Richtung fahre, muss ich anhalten und wenden.
Einfach im Straßenverkehr und einfach im Leben.
Viele Menschen denken, sie müssten büßen.
Manche beten dann 20 Mal das Vater Unser.
Manche peitschen sich sogar selbst aus. Möglichkeiten gibt es da leider viele.
Dabei müssen wir einfach nur die Richtung ändern.

Unterschiedliche Beziehung zum dreieinigen Gott?

Gedanken: Als mich Gott zu sich bekehrte. Hatte ich "nur" eine Beziehung zu Jesus.
Nach etwa einem Jahr, begann meine Vater-Tochter Beziehung.
Aber es dauerte 18,5 Jahre bis ich eine innige Beziehung zum Heiligen Gesit hatte.
Ja er sprach von Anfang an zu mir, und ja ich war in einer Gemeinde die alle Geistesgaben hatte und durch die der Heilige Geist wirkte.
Aber ich weigerte mich stur ihn auch nur anzusprechen.
Ich kannte natürlich die Bibelstellen über den Heiligen Geist. Aber zu sagen: Heiliger Geist hilf mir jetzt, wäre mir als Blasphemie erschienen.
Manches dauert einfach länger, bis man (ich) es begreift (begreife).
Dann tat Gott etwas, was ich inzwischen von wenigstens drei Menschen mitbekommen habe (die es auch so erlebten) er separierte mich für Jahre um mich zu schulen.
Dann schickte er mich in eine Gemeinde, ich war so stur , ging zweimal hin, dann nicht mehr.
Dafür züchtigte der Herr mich hart!
Brachte mich so ganz neu auf Kurs, und der Klarheit die nur er geben kann.
Danke dreieiniger Gott, dass du mich liebst und mich lehrst.

Was genau können WIR tun?

In letzter Zeit, häufen sich die Diskussionen über das, was wir selbst tun können.

Wer bewirkte, meine Bekehrung?

Nun zum einen war da Elke, sie war Gott Gehorsam und gab mir ein Neues Testament.

Schon das Lesen, geschah aus einem Druck, den Gott mir auferlegte.

Dann hatte ich einige Fragen, die mir Elke versuchte zu beantworten.

Meine Fragen, drehten sich damals um Vergebung, Gott mehr zu lieben als die eigene Familie und der Ehescheidung.

Vergeben konnte ich nicht von mir aus. Jedenfalls nicht im Herzen.

Gott mehr lieben als meine Kinder, konnte ich nicht von mir aus. Und als geprügelte Frau, war ich einfach nur verzweifelt.

Dann begegnete mir Gott übernatürlich.
ER zeigte mir spürbar wie sehr er mich liebt.

Und im selben Augenblick, wusste ich drei Dinge,

Jesus lebt, die Bibel ist wahr, und ich muss mich taufen lassen.

Dann begann ein Aufräumprozess, ich trennte mich von Büchern, Schallplatten und den Dingen die auch nur Ansatzweise den Hauch von fremden Religionen hatten.

Meinen Charakter, konnte ich NICHT selbst verändern.

Dinge aus meinem Leben entfernen fiel mir nicht schwer.

Das schwerste, war jedoch an den Punkt zu kommen, an dem ich begriff, dass es nur ER ist der meinen Charakter verändert.

Immer wieder versuchte ich, so zu leben, wie ein Christ zu leben hat.

In meinen Vorstellungen.

Ich war unbarmherzig mit mir selbst und zu anderen.

Nicht in der Liebe, die Gott will.

Es gibt Dinge die können wir tun, Bücher, Schallplatten und uns von Dingen trennen, die einfach nicht mehr in das NEUE Leben mit Gott gehören.

Charakterveränderung jedoch, beginnt da wo WIR aufhören und IHN wirken lassen.

Unser Ego muss sterben und es wehrt sich. Doch Gott sei gelobt.

ER bewirkt „unser" Sterben.

Galater 5, 16- 18
Ich sage aber: Wandelt im Geist, und ihr werdet die Begierde des Fleisches nicht erfüllen. 17 Denn das Fleisch begehrt gegen den Geist auf, der Geist aber gegen das Fleisch; denn diese sind einander entgegengesetzt, damit ihr nicht das tut, was ihr wollt. 18 Wenn ihr aber durch den Geist geleitet werdet, seid ihr nicht unter dem Gesetz.

Andere Übersetzung

Galater 5, 16- 18
Darum rate ich euch: Lasst euer Leben von Gottes Geist bestimmen. Wenn er euch führt, werdet ihr allen selbstsüchtigen Wünschen widerstehen können. 17 Denn, selbstsüchtig wie wir sind, wollen wir immer das Gegenteil von dem, was Gottes Geist will. Doch der Geist Gottes duldet unsere Selbstsucht nicht. Beide kämpfen gegeneinander, so dass ihr das Gute, das ihr doch eigentlich wollt, nicht ungehindert tun könnt. 18 Wenn ihr aber aus der Kraft des Geistes lebt, seid ihr den Forderungen des Gesetzes nicht länger unterworfen.

Es geht nur, wenn wir uns von Gottes Geist bestimmen lassen.

So bin ich selbst, unfähig das zu tun was ich will.

Römer 7, 19- 25
Ich weiß wohl, dass in mir nichts Gutes wohnt. Deshalb werde ich niemals das Gute tun können, so sehr ich mich auch darum bemühe.
19 Ich will immer wieder Gutes tun und tue doch das Schlechte; ich verabscheue das Böse, aber ich tue es dennoch. 20 Wenn ich also immer wieder gegen meine Absicht handle, dann ist klar: Nicht ich selbst bestimme über mich, sondern die Sünde in mir verführt mich zu allem Bösen. 21 Ich mache immer wieder dieselbe Erfahrung: Das Gute will ich tun, aber ich tue das Böse. 22 Ich wünsche mir nichts sehnlicher, als Gottes Gesetz zu erfüllen. 23 Dennoch handle ich nach einem anderen Gesetz, das in mir wohnt. Dieses Gesetz kämpft gegen das, was ich innerlich als richtig erkannt habe, und macht mich zu seinem Gefangenen. Es ist das Gesetz der Sünde, das mein Handeln bestimmt. 24 Ich unglückseliger Mensch! Wer wird mich jemals aus dieser Gefangenschaft befreien? 25 Gott sei Dank! Durch unseren Herrn Jesus Christus bin ich bereits befreit. So befinde ich mich in einem Zwiespalt: Mit meinem Denken und Sehnen folge ich zwar dem Gesetz Gottes, mit meinen Taten aber dem Gesetz der Sünde.

Nur durch den Heiligen Geist werde ich verändert.
Das ist Gnade!

Was können wir selbst tun?
Nichts!
Wir können nur unsere Bankrotterklärung abgeben.
Uns vom Heiligen Geist belehren und verändern lassen.

Römer 8, 14
Alle, die sich vom Geist Gottes regieren lassen, sind Kinder Gottes.

Darum geht es.

Römer 8, 23-
23 Aber auch wir selbst, denen Gott bereits jetzt seinen Geist als Anfang des neuen Lebens gegeben hat, warten voller Sehnsucht darauf, dass Gott uns als seine Kinder zu sich nimmt und auch

unseren Leib von aller Vergänglichkeit befreit. 24 Darauf können wir zunächst nur hoffen und warten, obwohl wir schon gerettet sind. Hoffen aber bedeutet: noch nicht haben. Denn was einer schon hat und sieht, darauf braucht er nicht mehr zu hoffen. 25 Hoffen wir aber auf etwas, das wir noch nicht sehen können, dann warten wir zuversichtlich darauf. 26 Dabei hilft uns der Geist Gottes in all unseren Schwächen und Nöten. Wissen wir doch nicht einmal, wie wir beten sollen, damit es Gott gefällt! Deshalb tritt der Geist Gottes für uns ein, er bittet für uns mit einem Seufzen, wie es sich nicht in Worte fassen lässt. 27 Und Gott, der unsere Herzen ganz genau kennt, weiß, was der Geist für uns betet. Denn der Geist vertritt uns im Gebet, so wie Gott es für alle möchte, die zu ihm gehören.

Der Heilige Geist, steht uns bei.
Er hilft uns, er verändert uns.

Danke geliebter Papa im Himmel, DU hast alles so wunderbar gemacht, in Deiner und durch Deine Gnade leben wir.
Wie sehr liebst du uns. DU hast dich selbst am Kreuz geopfert, damit wir leben können. Wir würden dir so gern, etwas zurückgeben. Nimm mein Herz, nimm meinen Willen, Nimm meinen Verstand. Oh Herr ich bin ganz DEIN.
Dir Allein sei Ehre, Ruhm, Lob und Herrlichkeit.
In Jesu Namen Amen

Wo ist solch ein Gott?

Micha 7

1 Ich bin verzweifelt wie einer, der im Herbst nach der Ernte hungrig durch die Weinberge streift oder im Frühsommer nach Feigen sucht und alles abgeerntet findet.

2 Im ganzen Land gibt es keine rechtschaffenen Menschen mehr, keiner fragt mehr nach Gott. Einer lauert dem anderen auf und legt ihn herein, so wie der Jäger sein Wild ins Fangnetz treibt. Sie gehen sogar über Leichen.

4 Sie haben nur Böses im Sinn, und darin sind sie wahre Meister. Die führenden Männer lassen sich bestechen, die Richter sind käuflich, und die Mächtigen entscheiden aus reiner Willkür. So arbeiten sie alle Hand in Hand.

4 Selbst die Besten und Ehrlichsten unter ihnen sind wie Dornhecken, sie richten nur Schaden an. Aber der Tag kommt, an dem euch die Strafe trifft - die Propheten haben es euch angekündigt. Dann werdet ihr mit eurer Weisheit am Ende sein!

5 Trau keinem einzigen Menschen mehr, nicht einmal dem besten Freund! Sei verschwiegen wie ein Grab, auch bei der Frau in deinen Armen!

6 Denn der Sohn achtet den Vater nicht mehr, die Tochter lehnt sich gegen die Mutter auf und die Schwiegertochter gegen die Schwiegermutter. Die schlimmsten Feinde sind in der eigenen Familie!

7 Doch ich verlasse mich auf den Herrn, ich warte auf seine Hilfe. Ja, mein Gott wird mich erhören!

Der Herr wird uns retten!

8 Freut euch nur nicht zu früh, ihr Feinde! Wir liegen zwar am Boden, doch wir stehen wieder auf. Wir sitzen im Finstern, aber der Herr ist unser Licht.

9 Gegen ihn haben wir gesündigt und müssen nun seinen Zorn ertragen. Doch er wird wieder für uns kämpfen und uns zu unserem Recht verhelfen. Er führt uns von neuem hinaus ins Licht. Wir werden erleben, wie er für uns eintritt!

10 Wenn unsere Feinde das sehen, müssen sie sich in Grund und Boden schämen. Spöttisch riefen sie uns zu: "Wo bleibt denn der Herr, euer Gott?" Aber dann werden wir über sie triumphieren, man wird sie zertreten wie Kot auf der Straße!

11 Jerusalem, es kommt die Zeit, in der deine Mauern wieder aufgebaut werden und dein Herrschaftsgebiet sich weit ausdehnt.

12 In jenen Tagen werden die Menschen zu dir strömen: von Assyrien, aus den Städten Ägyptens und vom Gebiet am Euphrat, ja, von weit entfernten Küsten und Gebirgen.

13 Die ganze Erde aber wird zur Wüste wegen der Schuld ihrer Bewohner.

14 Herr, kümmere dich doch um dein Volk wie ein Hirte um seine Herde, denn wir gehören dir! Unsere Siedlungen liegen beengt in einsamen Waldgebieten, doch um uns her dehnt sich fruchtbares Land, auf dem sogar Obst gedeiht. Bring uns, deine Herde, wieder wie in vergangenen Zeiten auf die saftigen Weiden von Baschan und Gilead.

15 Vollbringe Wunder für uns wie damals, als unsere Vorfahren aus Ägypten zogen.

16 Dann müssen die anderen Völker beschämt zusehen und können trotz ihrer Macht nichts dagegen tun. Sprachlos werden sie sein, es wird ihnen Hören und Sehen vergehen!

17 Sie sollen Staub lecken wie Schlangen und Würmer. Zitternd vor Angst werden sie aus ihren Festungen kriechen und sich vor dir, dem Herrn, unserem Gott, beugen. Ja, vor dir werden sie sich fürchten!

18 Wo ist ein Gott wie du, Herr? Du vergibst denen, die von deinem Volk übrig geblieben sind, und verzeihst ihnen ihre Schuld. Du bleibst nicht für immer zornig, sondern lässt Gnade vor Recht ergehen, daran hast du Gefallen!

19 Ja, der Herr wird wieder Erbarmen mit uns haben und unsere Schuld auslöschen. Er wirft unsere Sünden ins tiefste Meer.
20 Herr, du wirst uns, den Nachkommen Abrahams und Jakobs, von neuem deine Treue und Gnade erweisen, wie du es unseren Vorfahren geschworen hast.

Wie gnädig ist doch unser Gott.

Lasst uns einen Blick auf einzelne sehr wichtige Textstellen richten.

Ausgangssituation:
1 Ich bin verzweifelt wie einer, der im Herbst nach der Ernte hungrig durch die Weinberge streift oder im Frühsommer nach Feigen sucht und alles abgeerntet findet. 2 Im ganzen Land gibt es keine rechtschaffenen Menschen mehr, keiner fragt mehr nach Gott. Einer lauert dem anderen auf und legt ihn herein, so wie der Jäger sein Wild ins Fangnetz treibt. Sie gehen sogar über Leichen.

4 Sie haben nur Böses im Sinn, und darin sind sie wahre Meister. Die führenden Männer lassen sich bestechen, die Richter sind käuflich, und die Mächtigen entscheiden aus reiner Willkür. So arbeiten sie alle Hand in Hand.

4 Selbst die Besten und Ehrlichsten unter ihnen sind wie Dornhecken, sie richten nur Schaden an. Aber der Tag kommt, an dem euch die Strafe trifft - die Propheten haben es euch angekündigt. Dann werdet ihr mit eurer Weisheit am Ende sein!

5 Trau keinem einzigen Menschen mehr, nicht einmal dem besten Freund! Sei verschwiegen wie ein Grab, auch bei der Frau in deinen Armen!

6 Denn der Sohn achtet den Vater nicht mehr, die Tochter lehnt sich gegen die Mutter auf und die Schwiegertochter gegen die Schwiegermutter. Die schlimmsten Feinde sind in der eigenen Familie!

So schauts aus, egal in welcher Zeit wir gerade leben, so ist es und so war es schon früher.

Weil das Wesen des Menschen eben NICHT gut ist.

Doch der Prophet Micha, hat Vertrauen zu Gott.

7 Doch ich verlasse mich auf den Herrn, ich warte auf seine Hilfe. Ja, mein Gott wird mich erhören!

Micha wusste um die Gnade, die Liebe und um die Barmherzigkeit Gottes:

8 Freut euch nur nicht zu früh, ihr Feinde! Wir liegen zwar am Boden, doch wir stehen wieder auf. Wir sitzen im Finstern, aber der Herr ist unser Licht.

9 Gegen ihn haben wir gesündigt und müssen nun seinen Zorn ertragen. **Doch er wird wieder für uns kämpfen und uns zu unserem Recht verhelfen. Er führt uns von neuem hinaus ins Licht. Wir werden erleben, wie er für uns eintritt!**

Micha sieht genau, wie groß die Schuld der Menschen auch des eigenen Volkes sind. Und wie sich der Feind über sein Volk, lustig macht. Auch die Schuld von uns Christen ist groß und unsere Nachbarn sehen genau unsere Fehler und unser falsches Verhalten. Und sie spotten über uns.

10 Wenn unsere Feinde das sehen, müssen sie sich in Grund und Boden schämen. Spöttisch riefen sie uns zu: "Wo bleibt denn der Herr, euer Gott?" Aber dann werden wir über sie triumphieren, man wird sie zertreten wie Kot auf der Straße!

11 Jerusalem, es kommt die Zeit, in der deine Mauern wieder aufgebaut werden und dein Herrschaftsgebiet sich weit ausdehnt.

12 In jenen Tagen werden die Menschen zu dir strömen: von Assyrien, aus den Städten Ägyptens und vom Gebiet am Euphrat, ja, von weit entfernten Küsten und Gebirgen.

13 Die ganze Erde aber wird zur Wüste wegen der Schuld ihrer Bewohner.

Micha, bittet Gott, er weiß, dass Gott der gute Hirte ist.

Er weiß, dass Gott, sich über seine Schafe erbarmt und ihnen beisteht. Trotz ihrer Schuld.

14 Herr, kümmere dich doch um dein Volk wie ein Hirte um seine Herde, denn wir gehören dir! Unsere Siedlungen liegen beengt in einsamen Waldgebieten, doch um uns her dehnt sich fruchtbares Land, auf dem sogar Obst gedeiht. Bring uns, deine Herde, wieder wie in vergangenen Zeiten auf die saftigen Weiden von Baschan und Gilead.

15 Vollbringe Wunder für uns wie damals, als unsere Vorfahren aus Ägypten zogen.

16 Dann müssen die anderen Völker beschämt zusehen und können trotz ihrer Macht nichts dagegen tun. Sprachlos werden sie sein, es wird ihnen Hören und Sehen vergehen!

17 Sie sollen Staub lecken wie Schlangen und Würmer. Zitternd vor Angst werden sie aus ihren Festungen kriechen und sich vor dir, dem Herrn, unserem Gott, beugen. Ja, vor dir werden sie sich fürchten!

ER ist es, der uns am Ende Recht verschafft, ER Allein.

Er ist es, der gnädig ist, der uns vergibt.

18 Wo ist ein Gott wie du, Herr? Du vergibst denen, die von deinem Volk übrig geblieben sind, und verzeihst ihnen ihre Schuld. Du bleibst nicht für immer zornig, sondern lässt Gnade vor Recht ergehen, daran hast du Gefallen!

ER ist es, der Erbarmen hat und unsere Schuld ausgelöscht hat, ER hat UNSERE Sünden ins tiefste Meer geworfen.

19 Ja, der Herr wird wieder Erbarmen mit uns haben und unsere Schuld auslöschen. Er wirft unsere Sünden ins tiefste Meer. 20 Herr, du wirst uns, den Nachkommen Abrahams und Jakobs, von neuem deine Treue und Gnade erweisen, wie du es unseren

Vorfahren geschworen hast.

Warum versuchen so viele selbst etwas zu erreichen.

Warum verstehen Christen nicht, dass es NUR und AUSSCHLIESSLICH von ihm kommt und gewirkt wird?

Noch einmal Vers. 9

9 Gegen ihn haben wir gesündigt und müssen nun seinen Zorn ertragen. **Doch er wird wieder für uns kämpfen und uns zu unserem Recht verhelfen. Er führt uns von neuem hinaus ins Licht. Wir werden erleben, wie er für uns eintritt!**

ER, ER, ER, ER!!!

Nicht WIR, WIR, WIR!

Alle Ehre sei dir dem Lamm.

Du bist der König, du erhebst uns und machst uns zu deinen Kindern. Danke, dass du mich kennst und mich erwählt hast. Danke, dass du es bist der mich frei gemacht hat.

Weil DU der Gerechte bist.

Dir sei Ruhm, Lob, Ehre und Preis!

In Jesu Namen Amen

Nachwort

Lieber Leser, ich hoffe, dass dieses Buch, dir Gott näher gebracht hat.
Wenn du ihn schon kennst, hat es dir vielleicht andere Sichtweisen vermittelt.
Solltest du ihn noch nicht kennen, lade ich dich ein ihn einfach selbst kennenzulernen.
Dies kannst du indem du ihn einfach bittest. Du musst dafür nicht auf die Knie fallen oder 20 Kniebeugen machen.
Sprich einfach mit ihm, wie du es mit einem Freund tun würdest.
Zum Beispiel: „Du, Gott, wenn es Dich gibt, möchte ich das gern wissen und dich kennenlernen. Begegne mir bitte."
Du kannst auch Bibellesen und ihn bitten, dir das zu zeigen.
Falls du jedoch im Herzen schon weißt, dass es Gott gibt und Jesus für dich am Kreuz starb.
Du aber bis jetzt noch keine Entscheidung getroffen hast.
Kannst du dies auch tun.
Zum Beispiel: „Danke Jesus, dass du am Kreuz für mich starbst. Ich nehme das für mich an, sei du mein Herr."

Ich würde mich freuen, wenn du ab und an auf meine Website schaust

www.danielagaudek.de

oder bei unserer Website

www.gemeinsamfuergott.de

Sei gesegnet

Daniela Gaudek